La SAGESSE *du* TAO

Dans la même collection :

La Sagesse du Coran

La Sagesse du Soufisme

La Sagesse de l'Hindouisme

La Sagesse du Bouddhisme

La Sagesse du Judaïsme

Titre original : *The Wisdom of the Tao*

ISBN : 2-85829-319-8

Imprimé en Grèce
sur les presses de 4AB-N ATHANASSOPOULOS

www.tredaniel-courrier.com
tredaniel-courrier@wanadoo.fr

La SAGESSE *du* TAO

Textes réunis par Julian F. Pas

Traduit de l'anglais par Gérard Leconte

ÉDITIONS VÉGA
65, rue Claude-Bernard
75005 PARIS

SOMMAIRE

Les photographies
reproduites dans cet ouvrage
sont dues à l'éditeur anglais.

PRÉFACE

Le Taoïsme est l'une des plus importantes traditions de la Chine ancienne. Il comprend un courant philosophique et mystique, dont les textes majeurs sont le *Daodejing* et le *Zhuangzi* qui datent des quatrième et troisième siècles d'avant notre ère ; et un système purement religieux, avec une prêtrise et des écritures, qui prirent naissance au deuxième siècle de notre ère et se perpétuent dans la Chine d'aujourd'hui.

Bien que d'origines différentes, les deux courants se sont rejoints plus tard et ne forment qu'un seul corps dans l'esprit des pratiquants taoïstes.

Dans le présent recueil, j'ai sélectionné différents textes appartenant aux deux courants, en accordant de l'importance aux aspects mystiques de la tradition qui offrent une résonance dans nos esprits occidentaux. En fait, le Taoïsme a un appel universel qui révèle une richesse d'idées et de pratiques comparables à un jardin de roches oriental où les arbres, les fleurs, les rochers et les cours d'eau évoquent un sens de profond mystère et l'unité avec la nature. Les textes taoïstes choisis ici évoquent un sens similaire du mystère : comme les jardins orientaux ils montrent l'unité de la nature et de l'humanité, l'intégration du monde naturel et de l'aspiration humaine ou, pour employer une expression plus courante, l'unité de la nature et de la culture.

Ces textes taoïstes n'évoquent pas un sens de culte religieux. Bien que les écrits tardifs de la religion taoïste résultent d'un point de vue strictement religieux, les premiers textes philosophiques sont différents : ils ont une portée plutôt humaniste bien qu'ils suggèrent un sens de la transcendance, mais une transcendance du Tao, non pas une déité, mais une sorte de réalité ultime qui englobe tout.

Lire les textes de la sagesse taoïste est comme errer dans notre mystérieux jardin de roches. La variété des idées que l'on rencontre ressemble à l'infinie variété de fleurs et de plantes déployées autour des rochers et des étangs : elles nous inspirent un sens du mystère et d'une unicité dotée d'une réalité transcendante.

La plupart des textes sont anciens et proviennent d'un cadre culturel très différent du nôtre, aussi il est surprenant d'y voir des thèmes et des idées très proches de nous dans l'Occident du XXIe siècle. Il est recommandé de lire et de relire ces textes afin d'y découvrir toujours de nouvelles significations pour élargir et approfondir notre propre horizon spirituel.

Maintenant, j'aimerais remercier ma femme Yü-lin qui m'a beaucoup aidé, en particulier pour la traduction de certains textes chinois. Ma fille Sonya ainsi que Audry Swan et mon collègue et ami Scott Dunbar qui m'ont aidé à composer ce petit volume. Je suis reconnaissant envers Paul Crowe pour les caractères chinois illustrant le texte. Enfin, j'apprécie l'encouragement et l'assistance fournis par l'éditeur.

JANVIER 2000

***

À propos du mot "Taoïsme". L'étymologie indique la combinaison du terme (ou caractère) chinois Tao avec le suffixe "isme". Ici Tao signifie la "Voie". Ce mot signifie également "route, chemin", et même "rue" dans le langage ordinaire. Dans le "Taoïsme", toutefois, le Tao a été transformé en une "Voie" de vie, une vision chinoise spéciale de la réalité. Le Taoïsme, avec le confucianisme et le bouddhisme chinois, comprennent ce que nous appelons les trois "Enseignements" de la Chine : trois écoles de pensée qui ont aussi des dimensions religieuses (en particulier dans le cas du Taoïsme et du bouddhisme).

Ces préliminaires devraient suffire pour nous mettre sur la "Voie". Je vous souhaite un agréable voyage dans le jardin mystérieux de la sagesse taoïste.

美

À PROPOS DE LA TRANSLITTÉRATION

Le chinois est une langue non alphabétique mais, afin que les caractères soient intelligibles aux lecteurs occidentaux, les systèmes de translittération ont été conçus de sorte que les caractères chinois puissent être écrits à l'aide de notre alphabet.

Actuellement, les deux systèmes les plus populaires sont le système Wade-Giles et le *pinyin*, introduit récemment par la République populaire de Chine. Tandis que le système Wade-Giles est encore utilisé par la Library of Congress et plusieurs académies, le système *pinyin* est employé dans un grand nombre d'écrits académiques.

Dans ce petit volume, j'ai employé le système *pinyin*.

Les seules exceptions sont les mots "Tao", "Taoïsme" et "taoïste" ("Dao", "Daoisme" et "daoiste" en *pinyin*).

LES ÉCRITS DU TAOÏSME

PUISQUE le Taoïsme commence seulement à être connu en Occident, il importe de présenter brièvement ses écrits de base sur lesquels se fonde la tradition.

Les deux courants mentionnés dans la préface ont chacun leurs écrits : les textes majeurs du courant philosophico-mystique sont le *Guanzi*, le *Daodejing (Tao-tö King)*, le *Zhuangzi*, le *Liezi* et le *Huainanzi.*

Les écrits du courant religieux se trouvent dans le Canon taoïste. C'est un recueil de 1480 textes, compilés et édités en 1444-1445, sous la dynastie Ming.

Cette grande quantité de textes fut produite sur plusieurs siècles par différentes écoles de Taoïsme. Certains écrits concernent la méditation et la culture spirituelle, d'autres sont des manuels de liturgie taoïste ; d'autres encore ont plutôt un but éthique. Certains sont purement des récits historiques.

Puisque je vais faire de nombreuses citations de la tradition philosophico-mystique, il me semble important de donner une courte description de chacun de ces textes.

Le *DAODEJING*. Aussi connu sous le nom de *Laozi*, il fut sans doute écrit par plusieurs "vieux sages" entre 300 et 250 avant notre ère. Il s'adresse aux gouvernants du pays, et les exhorte à ne pas simplement être des administrateurs compétents, mais aussi à se dédier à la contemplation du Tao et au développement de soi. Seul un gouvernant qui combine la perspicacité politique à la pénétration profonde de la nature et des opérations du Tao peut conduire son peuple au bien-être et à la satisfaction. Cela signifie que le meilleur conducteur des hommes est celui qui s'immisce le moins dans leur vie. Cette idée est exprimée dans le concept du *wuwei* ("non-agir"), que l'on peut appeler la quintessence du gouvernement taoïste.

Ce texte court (5 000 caractères chinois) est très populaire en Chine. Plus de 250 traductions existent dans les langues occidentales.

Dans les années 70, deux nouvelles versions du *Daodejing* furent extraites d'une ancienne tombe de la province de Hunan. Elles furent appelées les "manuscrits de soie" (de Mawangdui, près de Changsha) et datent d'environ 200 avant notre ère. Elles ont au moins 400 ans de plus que le texte connu auparavant. Malgré les 400 ans de différence, les manuscrits de soie sont très proches du texte auparavant transmis. La différence majeure réside en l'inversion des deux parties du livre : le *Te* est avant le *Tao*.

Aujourd'hui, le *Daodejing* est encore une source d'inspiration pour ceux qui recherchent la perfection spirituelle sans être liés par un dogme religieux.

Le *GUANZI*. Vaste collection syncrétiste datant du quatrième siècle avant notre ère, ce texte contient deux textes taoïstes intitulés *Neiye* ("Instruction intérieure") et *Xinsgu* ("Techniques du Mental"). Il concerne la transformation intérieure qui mène à l'obtention de l'union et de la compréhension mystiques. Le *Guanzi* est peu connu, mais c'est un important document lié au premier commencement du point de vue taoïste.

Le *ZHUANGZI*. Il consiste en trente-trois chapitres, sept d'entre eux étant appelés les "Chapitres intérieurs" que l'on croit avoir été écrits par un penseur du quatrième siècle avant notre ère, Zhuang Zhou ou Zhuangzi (Maître Zhuang). Les chapitres suivants ("Extérieurs" ou "Miscellanées") furent écrits entre le troisième et le deuxième siècle avant notre ère. Comme l'on peut s'y attendre, la multiplicité des auteurs explique la présence de différentes tendances dans le texte, qui ne sont pas toujours en accord avec le message original des Chapitres intérieurs.

Le *Zhuangzi* est un très important document littéraire et philosophique, plein d'anecdotes et d'analogies fascinantes, qui nous permet de savoir intuitivement que la personnalité de Zhuangzi est celle d'un grand sage qui regarde le monde des hommes avec ironie et humour. Les Chapitres intérieurs sont une expression de son expérience de la transcendance : vagabonder dans la trajectoire mystique au-delà du monde médiocre de la société est son désir ultime et sa destination.

Le *LIEZI*. Un petit volume d'essais attribué à une personne nommée Liezi (Maître Lie), qui apparaît souvent dans les textes taoïstes comme un sage, mais dont l'historicité reste incertaine. Toutefois, le texte existe et date peut-être de 300, bien que certaines parties, comme certaines histoires qui apparaissent également dans le *Zhuangzi*, soient certainement plus anciennes.

Quant au style, le *Liezi* ressemble au *Zhuangzi* : il contient des anecdotes, des discussions et des dialogues qui rappellent son prototype. Nous prenons conscience, à travers eux, de quelques vues importantes de l'auteur. Comme le fait remarquer A.C. Graham, ils illustrent le fait que le *Liezi* «coïncide avec le monde scientifique [d'aujourd'hui]... la petitesse de l'homme dans un vaste univers ; ... le caractère éphémère de la vie, l'impossibilité de connaître ce qui vient après la mort. » (Graham, 12-13).

Le *HUAINANZI*. Un recueil de vingt et un essais, édité au deuxième siècle avant notre ère(v. 139) par le Prince de Huainan, Liu An. Aspirant au trône impérial, mais déçu dans ses efforts, Liu An appliqua son énergie à l'étude de la connaissance de son temps. À sa cour, il rassembla un grand nombre d'érudits qu'il soutint et encouragea les études avancées et l'écriture. Le *Huainanzi* est le recueil d'essais produit par les efforts conjugués de ces érudits de cour. Certains d'entre eux sont d'inspiration taoïste.

Aujourd'hui, le *Huainanzi* est devenu un sujet privilégié en sinologie, car il présente une mine d'informations sur le climat intellectuel de la période Han et même sur celle qui la précède.

LE MYSTÈRE DU TAO ET SON POUVOIR

LE TAO :
LA RÉALITÉ SUPRÊME AU-DELÀ DES MONDES

Le mot Tao (la Voie) n'est qu'un terme commode employé pour nommer une chose qui est essentiellement innommable et au-delà du pouvoir du langage. Bien qu'il soit immanent en tous les êtres, il ne peut être saisi.

La Voie que l'on peut exprimer par des mots n'est
pas la Voie éternelle.
Les noms par lesquels il est nommé ne sont pas des
noms éternels.

Daodejing 1

La Voie ne peut-être conçue comme être, non plus qu'elle peut-être conçue comme non-être. En l'appelant la Voie, nous n'adoptons qu'un expédient temporaire...

La Perfection de la Voie et les choses – ni les mots ni le silence ne peuvent l'exprimer.

Ni parler ni être silencieux – c'est la plus haute forme du débat.

Zhuangzi 25

La Voie a sa réalité et ses signes mais est sans action ni forme. Vous pouvez la transmettre mais non la recevoir ; vous pouvez l'obtenir mais non la voir. Elle a sa propre source, sa propre racine. Avant que le Ciel et la terre n'existent, elle était là, ferme depuis les temps anciens. Elle donna la spiritualité aux esprits et à [l'ancestral *Di*] ; elle donna naissance au Ciel et à la terre. Elle existe au-delà du plus haut point et pourtant vous ne pouvez la dire élevée ; elle existe au-dessous de la limite des six directions et pourtant vous ne pouvez la dire profonde. Elle est née avant le Ciel et la terre, et pourtant vous ne pouvez dire qu'elle est là depuis longtemps ; elle est plus ancienne que l'ancien temps, et pourtant vous ne pouvez l'appeler vieille.

Zhuangzi 6

On le cherche du regard mais on ne le voit pas :
il est appelé "sans couleur".
On tend l'oreille mais on ne l'entend pas :
il est appelé "sans son".
On cherche à le saisir mais on ne le tient pas :
il est appelé "sans forme".
Ces trois états ne peuvent être pénétrés plus profondément,
ils se fondent en un.

Daodejing 14

LE TAO est un tout sans nom.

Daodejing 32

TAO : LE CRÉATEUR

Le Tao est une réalité transcendante impersonnelle, hors de laquelle toute existence surgit. C'est un processus de créativité continue et de transformation, identique à la Réalité cosmique, encore plus sublime en essence.

Le Tao génère l'Un.
L'un génère le Deux.
Le Deux génère le Trois.
Le Trois génère tous les êtres.
Tous les êtres portent le yin sur leur dos et tiennent
le yang dans leurs bras.
Le flux de leur énergie leur apporte l'harmonie.

Daodejing 42

Avec quelle puissance circule le Tao,
Faisant des méandres vers la gauche et la droite !
Tous les êtres lui doivent leur existence,
Jamais il ne se refuse à eux.
Il accomplit sa tâche mais ne s'en glorifie pas.

Daodejing 34

Il y avait une chose tirée du chaos,
Qui existait avant le Ciel et la terre.
Combien solitaire ! Combien calme !
Elle se tient par soi, immuable.
Elle circule partout sans créer de péril.
On peut dire qu'elle est la mère de ce qui est sous le
Ciel.
Je ne sais pas son nom : je l'appelle Tao.

Daodejing 25

开

Cette "chose" : le Tao est réellement chaotique,
réellement obscur.
Combien chaotique ! Combien obscur ! Pourtant en
lui sont des "formes".
Combien chaotique ! Combien obscur ! Pourtant en
lui sont des "choses".
Combien ténébreux ! Combien insondable !
Pourtant en lui sont des "semences de vie".
Ces semences sont réelles, en elles est la
"confiance"

Daodejing 21

Le Tao les génère [la myriade d'êtres vivants],
Son pouvoir les maintient.
Les choses matérielles leur donnent forme.
Les circonstances les parachèvent.
Par conséquent :
De tous les êtres nul n'honore le Tao
Ni n'apprécie sa puissance.
Honorer le Tao et apprécier sa puissance,
Cela se fait sans commande : cela advient
spontanément.

Le Tao les engendre
    Les fait se développer,
    Les nourrit,
    Les met à l'abri et les règlent.
Il génère mais ne possède pas.
Il agit mais ne saisit pas.
Il conduit mais ne domine pas.
On l'appelle la puissance mystérieuse.

Daodejing 51

SOMBRE ET CACHÉE, [la Voie] semble ne pas exister et pourtant elle est là ; luxuriante et sans borne, elle ne possède aucune forme mais un seul esprit ; les dix mille choses sont guidées par elle bien qu'elles ne la comprennent pas – c'est ce qu'on appelle la Source, la Racine.

Zhuangzi 22

COMMENT OPÈRE LE TAO

Le Tao opère d'une manière paradoxale ; il semble ne rien faire et pourtant tout est accompli. Il fait toutes choses sans effort, dans la faiblesse. Il répète ses actions sans interruption comme en des cercles sans fin.

Bien que brillant, il paraît sombre ; bien qu'il paraisse faible, il est fort et irrésistible.

Seul un gouvernant sage qui est l'émule du Tao est capable de faire du bien à tous les êtres vivants.

LE TAO est grand...
Il est son propre modèle.

Daodejing 25

LE TAO sans cesse n'"agit" pas
Mais il n'est rien qu'il ne fasse.

Daodejing 37

LE RENVERSEMENT (LA RÉPÉTITION) est le mouvement
du Tao.
La faiblesse est la méthode du Tao.

Daodejing 40

LE BRILLANT Tao est comme la ténèbre.
Le Tao progressif est comme un retour.
Le Tao régulier est comme accidenté.

Daodejing 41

LE TAO est vide
Mais dans ses effets
Il n'est rien qu'il n'emplisse.

Daodejing 4

CE QUI s'oppose au Tao
Est tout près de la fin.

Daodejing 55

Quand le Tao “parle”,
Qu’il est doux ! Il n’a pas de saveur.
Regarde-le : c’est à peine si tu peux le voir.
Écoute-le : c’est à peine si tu peux l’entendre.
Tu agis selon lui et ne trouves pas de fin.

Daodejing 35

Le Tao est la mine de tous les êtres,
Le trésor des hommes bons
Et [même] la protection de ceux qui ne sont pas bons.

Daodejing 62

Qui est capable d’offrir au monde ses biens en excès ?
Seulement celui ou celle qui a le Tao.

Daodejing 77

LES SYMBOLES DU TAO

Puisque nous sommes incapables de "saisir" l'essence du Tao par le langage rationnel et la pensée rationnelle, les symboles nous permettent d'avoir une vue intuitive sur son mystère. Riches en pouvoir imaginaire, ces symboles excitent notre imagination intuitive. Dans le Doadejing, *les symboles les plus courants sont l'eau, le féminin, la vallée, l'enfant et le bois brut.*

L'eau est essentielle pour tout ce qui vit et pourtant ne demande aucune reconnaissance. Elle est humble. Dans sa faiblesse elle est forte. L'eau est également un symbole de la tranquillité mentale.

Le bien suprême est comme l'eau.
La vertu de l'eau, c'est de servir à tous sans
  querelle.
Elle séjourne en des lieux dédaignés des humains.
C'est en cela qu'elle est proche du Tao.

Daodejing 8

Rien sous le ciel n'est plus souple et plus docile que
l'eau ;
Mais pour s'attaquer à ce qui est dur, rien n'est plus
efficace.

Daodejing 78

Les hommes ne peuvent se mirer dans l'eau
courante –
ils se mirent dans l'eau calme.
Seul ce qui est calme peut apaiser la tranquillité de
toutes choses.

Zhuangzi 5

Le féminin ou la femelle, aussi appelé la mère, est un symbole du Tao de deux manières. En premier, de l'avis des auteurs taoïstes, la femme est considérée comme un être humble, modeste, faible, et pourtant, par sa faiblesse, elle vainc le pouvoir de l'homme. En second, identifiée au Tao, la mère génère une nouvelle vie et, avec un soin maternel, elle nourrit et protège cette nouvelle vie.

LE [TAO] SANS NOM est le commencement du ciel-et-de-la-terre.
Le [Tao] que l'on peut nommer est la mère de tous les êtres.

Daodejing 1

LE MONDE a une origine,
C'est la mère du monde.
Une fois que l'on connaît la mère,
Par elle on connaît ses enfants.
Une fois que l'on connaît ses enfants,
Alors on retourne vers la mère et on ne la quitte pas
Et l'on sera hors de danger sa vie durant.

Daodejing 52

UN GRAND État est comme l'aval d'un fleuve,
Le lieu où se rejoignent tous les courants sous le ciel,
Le féminin sous le ciel.
Le féminin vainc toujours le masculin par sa passivité.
Dans la passivité, elle se tient sous [le masculin] ;

Daodejing 61

La vallée se rapporte au symbolisme du féminin. Elle suggère l'humilité (contrairement aux collines et aux montagnes) tout autant que la fertilité : l'eau y coule et elle devient l'origine d'une nouvelle vie.

L'ESPRIT DE LA VALLÉE ne meurt pas :
On l'appelle le mystérieux féminin.
La porte d'entrée du mystérieux féminin
Est appelée la racine du ciel-et-de-la-terre.

Daodejing 6

QUI CONNAÎT la gloire mais s'accroche à la disgrâce
Est comme la vallée du monde.
Étant la vallée du monde
Son pouvoir constant est abondant.
Il retourne à la totalité.

Daodejing 28

tian
ciel

L'enfant est un autre symbole du Tao. Il est faible et dépend totalement de sa mère pour survivre et grandir. Chez le nouveau-né, l'énergie vitale ou qi *avec laquelle naissent tous les êtres vivants, est complète et intacte. Il possède la plénitude du Tao. Étant naturel, l'enfant est innocent et ne calcule pas, aussi les animaux sauvages n'ont aucune crainte et ne le blessent pas.*

Celui qui possède un pouvoir abondant
Peut être comparé au nouveau-né.
Les insectes et les serpents venimeux ne le piquent pas.
Les bêtes sauvages ne s'emparent pas de lui.
Les oiseaux de proie ne l'attaquent pas.
Ses os sont tendres, ses tendons flexibles.
Mais sa saisie est ferme.
Il ne connaît pas l'union sexuelle et pourtant son organe est en érection.
C'est le point culminant de son essence.

Daodejing 55

Le bois brut est celui qui n'a pas été façonné pour en faire des objets (ustensiles, meubles, etc.). Dans sa condition originelle, c'est un symbole du Tao en tant qu'il est intact, pur, entier, dans sa simplicité primordiale.

LE TAO est la simplicité sans nom...
Quand on commence à diviser, les noms apparaissent.

Daodejing 32

LES EXCELLENTS maîtres de jadis
Étaient sublimes et avaient un profond discernement
Trop profond pour qu'on le puisse connaître...
Prudents, comme celui qui traverse un fleuve en hiver.
Réservés, comme celui qui craint le danger de toutes parts.
Effacés, comme la glace prête à fondre.
Authentiques, comme le bois brut.

Daodejing 15

Je donne aux gens cet avertissement :
Soyez authentiques, tenez-vous à la simplicité,
Réduisez l'égoïsme, modérez les désirs.

Daodejing 19

愉

LA PUISSANCE DU TAO

La puissance du Tao, De, *est un concept insaisissable. On le traduit souvent par "vertu", mais cela ne convient pas.* De *se réfère à la nature inhérente de tous les êtres, inculquée en eux par le Tao. C'est leur potentiel naturel pour l'action en accord avec leur nature individuelle.*

Chez le souverain, De *est aussi le charisme, comme pouvoir magique provenant de son moi intérieur, cultivé par la tranquillité et la contemplation. Il inclut la profonde connaissance, la sagesse, et même les vertus morales telles que la bonté, la frugalité, la sincérité, l'intégrité. Un bon dirigeant qui a le* De, *entretient son peuple sans égoïsme ; il agit, comme le Tao, "sans agir".*

PRODUIRE et nourrir,
Produire sans posséder,
Agir sans saisir,
Conduire sans dominer :
C'est ce qu'on appelle la "puissance mystérieuse".

Daodejing 10

Les manifestations d'une grande puissance
  proviennent du Tao seul.

Daodejing 21

Quiconque est le ravin du monde
  Ne perd pas sa puissance constante
  Et revient à l'enfance.

Daodejing 28

La puissance supérieure n'est pas une puissance
  Par conséquent elle a la puissance.
La puissance inférieure n'abandonne pas sa
  puissance,
Par conséquent elle n'a pas de puissance.
  La puissance supérieure n'agit pas
Et n'a pas de raison d'agir.
  La puissance inférieure agit
Et a une raison d'agir.

Daodejing 38

La puissance supérieure est comme une vallée...
La puissance étendue paraît insuffisante.
La puissance solide paraît épuisée.

Daodejing 41

Cultivez le Tao en vous-même :
    Votre pouvoir sera authentique.
Cultivez le Tao dans votre famille :
    Son pouvoir sera abondant.
Cultivez le Tao dans votre communauté :
    Son pouvoir sera prospère.
Cultivez le Tao dans le pays :
    Son pouvoir sera abondant.
Cultivez le Tao dans le monde :
    Son pouvoir sera universel.

Daodejing 54

jia
famille

Connaître toujours le support correct
Est appelé la puissance mystérieuse.
La puissance mystérieuse est profonde et d'une portée considérable.

Daodejing 65

会

LE TAO EST PARTOUT

Le Tao est une réalité omniprésente. Puisqu'il est à l'origine de tous les êtres, ils tiennent tous de sa nature. Haut et bas, le Tao est en toutes choses.

MAÎTRE DONGGUO demanda à Zhuanzi : « Ce qu'on appelle la Voie – où existe-t-elle ? »
Zhangzi dit : « Il n'y a aucun lieu où elle n'existe.
– Allez, dit Maître Dongguo, vous devez être plus explicite !
– Elle est dans la fourmi.
– Dans une chose aussi basse ?
– Elle est dans ce brin d'herbe.
– Mais c'est encore plus bas !
– Elle est dans les tuiles et les tessons.
– Comment peut-elle être si bas ?
– Elle est dans la pisse et dans la merde. »
Maître Dongguo ne répondit pas.

Zhuangzi 22

PEUT-ON POSSÉDER LE TAO ?

SHUN DEMANDA à Cheng : « Est-il possible de prendre possession de la Voie ?

– Tu n'as même pas la possession de ton propre corps – comment pourrais-tu prendre possession de la Voie ?

– Si je n'ai pas possession de mon propre corps, alors qui l'a ? dit Shun.

– C'est une forme que t'ont prêtée le Ciel et la terre. Tu n'as pas la possession de la vie – c'est une harmonie accordée par le Ciel et la terre. Tu n'as pas la possession de ta nature innée et de ton destin – ce sont des contingences prêtées par le Ciel et la terre. Tu n'as pas la possession de tes enfants et de tes petits-enfants – ils sont des dépouilles affranchies par le Ciel et la terre...

« Comment serait-il possible de prendre possession de quoi que ce soit ? »

Zhuangzi 22

LA RÉALITÉ COSMIQUE, LA VIE ET LA MORT

Ce que nous appelons aujourd'hui le "cosmos" était, dans la Chine ancienne, nommé "Ciel-et-terre. Cette expression est à peu près synonyme de notre concept moderne de "nature", qui est l'expression visible du Tao, ou le Tao "dont nous pouvons parler".

Ce "ciel-et-terre" a sa propre existence, indépendante des êtres humains et des autres créatures. Bien qu'il fournisse tout ce qui est nécessaire pour la naissance et la croissance de ces êtres, il ne le fait pas délibérément ni ne prend soin d'eux. Il est impartial, à la limite de l'indifférence.

QUAND LE CIEL et la terre étaient encore sans forme,
Tout montait et planait, s'immergeait et creusait.
Ainsi on l'appela le Grand Commencement.
Le [Tao] commença dans le Vide nébuleux.
Le Vide nébuleux produisit l'espace-temps ;
L'espace-temps produisit le *qi* primordial.
Un littoral (divisa) le *qi* primordial.
Ce qui était pur et brillant se dispersa venant du Ciel ;
Le lourd et le trouble se coagulèrent pour former la Terre.

Huainanzi, Livre Trois

LE CIEL-ET-LE-TERRE ne sont pas charitables :
Ils traitent tous les êtres comme des chiens de paille.

Daodejing 5

Lors d'un banquet, Tian de Qi dit à ses invités :

« COMME LE CIEL est généreux envers les êtres humains ! Il fait pousser les cinq céréales et fait pour eux se multiplier les poissons et les oiseaux. »Tous les invités approuvèrent dans un écho. Mais le fils du seigneur Pao, âgé de douze ans, qui était assis parmi eux, se mit à dire :

« Cela ne se passe pas ainsi. Tous les êtres dans le monde possèdent une vie de même qualité que la nôtre. Il n'y en a pas de plus nobles que les autres ; mais les uns surpassent les autres par la taille, la ruse et la force. Ce que l'homme trouve comestible, il le mange. Mais cela n'a pas été créé à l'origine par le Ciel pour les hommes. Les moustiques et les mouches provoquent sur notre peau des piqûres, les tigres et les loups nous dévorent. Cela ne signifie nullement que le Ciel a produit, à l'origine, l'homme et sa chair pour les moustiques et les mouches, pour les tigres et les loups. »

Liezi 8

Il y a toutefois un équilibre dans la nature, qui est équitable pour tous, contrairement aux actes humains.

La voie du Ciel est de réduire l'excèdant
Et d'augmenter l'insuffisant.
La voie humaine est différente : elle prélève
sur qui a peu pour l'offrir à qui a trop.

Daodejing 77

La voie du Ciel est d'être sans favoritisme,
Mais elle assiste constamment les gens de bien.

Daodejing 79

La voie du Ciel, c'est de favoriser sans nuire.
La voie du sage, c'est d'agir sans lutter.

Daodejing 81

La voie du Ciel, sans combattre, est habile à triompher.
Elle ne parle pas et pourtant trouve la bonne réponse ;
Elle ne somme pas et pourtant tout va de soi. ;
Elle est posée et habile à former des projets.
Le filet du Ciel a de larges mailles
mais rien ne passe au travers.

Daodejing 73

Le rôle de l'humanité est de coopérer avec les potentialités du ciel-et-de-la-terre pour atteindre sa destinée. Seul, aucun des « acteurs » n'est capable de terminer la tâche.

Le Ciel et la terre ne peuvent rien accomplir ;
Le sage n'est capable de rien.
Aucun des dix mille êtres ne peut être employé pour quelque chose.
Pour cette raison la fonction du ciel est de donner vie et de couvrir,
La fonction de la terre est de façonner et de porter,
La fonction du sage est d'enseigner et de civiliser,
La fonction de chaque être est d'accomplir son rôle.

Liezi 1

Ce cosmos dans lequel nous vivons viendra-t-il à sa fin ? Parmi les taoïstes les opinions divergent ; il est très vraisemblable que nous n'ayons pas de réponse. Voici une opinion :

Le Ciel et la terre sont une minuscule chose dans le vide, la plus grande parmi les choses qui existent. Il est vrai sans aucun doute qu'il se passera longtemps avant qu'ils parviennent à leur terme et arrivent à leur fin, et il n'est pas facile d'estimer et de prédire quand cela aura lieu. Se désoler de leur perdition est bien sûr loin de la vérité ; mais dire qu'ils ne périront jamais est également sujet à objection. Puisque le Ciel et la terre sont destinés à périr, un temps viendra où ils périront.

Liezi 1

D'autre part, Liezi n'argumente pas. En souriant, il dit :

Cela n'a pas de sens de dire que le Ciel et la terre périront ou non. Qu'ils périront ou non, nous ne le saurons jamais...
Pourquoi y faire attention ?

Liezi 1

Ce point de vue taoïste est proche de la pensée du Bouddha : parmi les quatre choses qu'il refusait d'aborder était de savoir si oui ou non le monde était éternel. Il est impossible de le savoir et, de plus, c'est hors de propos.

东

LE CÉLESTE ET L'HUMAIN

Le "céleste" est ce qui est donné par nature ; l'"humain" est ce qui est ajouté à ce qui est donné naturellement, souvent contraire à la nature humaine de base. On trouve ce thème dans le Daodejing, *mais il est plus développé dans le* Zhuangzi.

Si les efforts humains vont à l'encontre de la nature innée, la Voie véritable est perdue ; si le céleste et l'humain sont en harmonie, la Voie prévaut et il advient de bonnes choses : le monde est en paix. Pourtant les "faits de la vie" font que les hommes contrecarrent ce qui est sous le Ciel, et ainsi gâchent l'état des choses : c'est le chaos.

IL EST DIT : le Céleste est à l'intérieur, l'humain est à l'extérieur. La vertu réside en le Céleste. Comprenez les actions du Ciel et de l'homme, basez-vous sur le Ciel, prenez position dans la vertu et ensuite, bien que vous soyez pressé ou retenu, courbé ou étiré, vous pouvez revenir à l'essentiel et parler de l'ultime.

« Que voulez-vous dire par Céleste et humain ? »

Ro de la mer du Nord dit : « Les chevaux et les bœufs ont quatre pattes – c'est ce que j'appelle le Céleste. On bride la tête du cheval et l'on passe un anneau dans les narines du bœuf – c'est ce que j'appelle l'humain. Aussi je dis : ne détruisez pas le Céleste par l'humain ; ne détruisez pas l'ordre naturel par l'action humaine. Ne sacrifiez pas le bien propre pour la gloire sociale ; observez strictement tout cela et ne vous écartez jamais – c'est là faire retour à la Vérité. »

Zhuangzi 17

Dans le Zhuangzi, *l'"homme parfait" cultive en lui-même ce qui vient du Ciel et fuit ce qui est artificiel et vient de l'humain.*

CELUI QUI SAIT ce que fait le Ciel, et sait ce que fait l'homme, a atteint le sommet. Sachant ce que fait le Ciel, il vit avec le Ciel. Sachant ce que fait l'homme, il emploie la connaissance de ce qu'il sait pour aider à la connaissance de ce qu'il ne sait pas. C'est conserver la connaissance jusqu'à la limite naturelle et essayer de ne pas mourir prématurément. C'est la perfection de la connaissance.

Zhuangzi 6

Toutefois, savoir ce qui vient du Ciel ou non est une tâche difficile.

COMMENT PUIS-JE savoir si ce que j'appelle Ciel n'est pas réellement l'homme, et ce que j'appelle l'homme n'est pas réellement le Ciel ?

Zhuangzi 6

La société humaine force souvent la nature à des actions ou des fonctions incompatibles avec la nature. Cela ne peut conduire qu'au désastre.

AVEZ-VOUS entendu cette histoire ? Une fois un oiseau de mer s'abattit dans un faubourg de la capitale de Lu. Le seigneur de Lu alla quérir l'oiseau et le porta au temple des ancêtres où il donna une fête en son honneur, faisant jouer de la musique. Cependant l'oiseau ne toucha pas aux viandes et ne goûta pas au vin. Au bout de trois jours, il mourut de faim et de soif.

Zhuangzi 18

N'ESSAYEZ PAS de développer ce qui est naturel à l'homme ; développez ce qui est naturel au Ciel. Celui qui développe le Ciel profite à la vie ; celui qui développe l'homme nuit à la vie.

Zhuangzi 19

QUAND UN HOMME ivre tombe d'une voiture, même si celle-ci va vite, il ne sera pas tué. Ses os et ses articulations sont pareils à ceux des autres hommes, mais le choc qui aurait tué un homme dans son état normal ne suffit pas pour le tuer, car son âme reste intacte de par l'ivresse et il n'a pas conscience d'être en voiture et d'en tomber. La surprise, la crainte de la mort et de la vie ne pénètrent pas en lui, et il choit durement sans en éprouver la moindre frayeur. Si le vin lui sauve la vie, comment le Ciel ne pourrait-il sauver les hommes ? Ainsi le sage qui se réfugie dans le Ciel – rien ne saurait le blesser.

Zhuangzi 19

lune

LA DESTINÉE ET L'EFFORT HUMAIN

Dans la vie, un des problèmes les plus énigmatiques est le rôle du libre arbitre par opposition au destin. La distinction entre le "décret du Ciel" (le destin) et l'"action humaine" (libre arbitre) est un problème central dans la philosophie chinoise.

Confucius soutenait que la longue vie et la santé sont décidées par le destin, mais que l'action humaine doit être déterminée par des principes éthiques. Le maître taoïste Liezi soutient que tous nos efforts sont impuissants devant la destinée. C'est un extrême fatalisme, non partagé par tous les taoïstes.

Dans le premier texte, la Destinée s'adresse à l'Effort et examine leurs influences relatives sur les événements humains.

« SI [LE SUCCÈS et la durée de vie] sont à la portée de tes efforts, pourquoi donnes-tu une longue vie à l'un et une mort proche à l'autre, pourquoi permets-tu au sage d'échouer et aux scélérats de réussir, abaisses-tu un homme capable et exaltes-tu le fou, appauvris-tu des hommes bons et enrichis-tu un mauvais ?

– S'il en est ainsi, [répond l'effort], il est certain que je n'ai pas d'influence sur les choses. Mais si c'est toi qui dirige les choses, en sera-t-il ainsi ?

– La vie longue et la vie courte, [répond la destinée], l'échec et le succès, le haut rang et le bas, la richesse et la pauvreté se produisent d'eux-mêmes. Que puis-je en savoir ? Que puis-je en savoir ? »

Liezi 6

VIVRE ET MOURIR au temps approprié est une bénédiction céleste. Ne pas vivre quand il est temps de vivre, ne pas mourir quand il est temps de mourir, est une punition céleste. Certains obtiennent la vie et la mort aux moments appropriés, d'autres vivent et meurent quand ce n'est pas le moment de vivre et de mourir. Mais ce n'est ni d'autres choses ni nous-mêmes qui nous donnent la vie quand nous vivons et la mort quand nous mourons ; les deux sont prédestinées et la sagesse ne peut rien à leur propos.

Liezi 6

CERTAINS apprécient la vie et vivent, d'autres la méprisent et meurent, certains prennent soin du corps et lui font du bien, d'autres le négligent et lui font du tort. Cela semble raisonnable mais ne l'est pas ; en ces cas la vie et la mort aussi, le bien et le dommage, viennent d'eux-mêmes.

Liezi 6

LES FERMIERS se hâtent pour s'accorder aux saisons, les commerçants courent après le profit, les artisans recherchent de nouveaux savoir-faire, les officiels cherchent le pouvoir ; la pression des circonstances en est la raison. Mais les fermiers rencontrent aussi bien l'eau que la sécheresse, les commerçants le gain que la perte, les artisans le succès que l'échec, les officiels la chance que la malchance ; c'est le fait de la destinée.

Liezi 6

DANS LE MONDE, il y a deux grands décrets : l'un est le destin et l'autre est le devoir.

Le fait qu'un fils doive aimer ses parents, c'est le destin – vous ne pourrez effacer cela de son cœur. Le fait qu'un sujet doive servir son maître, c'est le devoir – il n'y pas de lieu où il puisse aller sans son maître, nul lieu où il puisse s'échapper entre le ciel et la terre. C'est ce qu'on appelle les grands décrets. Par conséquent, servir vos parents et être content de les suivre partout – c'est la perfection de la piété filiale.

Servir votre maître et être content de faire tout pour lui – c'est le sommet de la loyauté. Et servir votre propre mental de sorte que la tristesse ou la joie ne l'influence ni ne le meut ; comprendre que vous n'y pouvez rien faire et être content du destin – c'est la perfection de la vertu.

Zhuangzi 4

举

LA VIE ET LA MORT SONT PRÉDESTINÉES

Ce sujet suit de près celui de la destinée et de l'effort. L'exemple le plus frappant est rapporté dans le Zhuangzi *après la mort de la femme de Zhuangzi, son ami vint lui présenter ses condoléances mais il trouva Zhuangzi qui frappait un baquet et chantait. Huizi, scandalisé, lui fit des reproches. Zhuangzi, quant à lui, dit à son ami qu'il ne comprenant rien au destin.*

QUAND TOUT d'abord elle mourut, crois-tu que je ne me suis pas lamenté comme tout autre ? Mais j'ai considéré son commencement et l'époque d'avant sa naissance. Non seulement l'époque d'avant sa naissance, mais l'époque d'avant qu'elle n'eut un corps. Non seulement l'époque d'avant qu'elle n'eut un corps, mais l'époque d'avant qu'elle eut un esprit *[qi]*. Au milieu du mélange de la merveille et du mystère, un changement eut lieu et elle eut un esprit. Un autre changement et elle eut un corps. Un autre changement et elle naquit. Maintenant il y eut un autre changement et elle est morte. C'est exactement comme la suite des quatre saisons : printemps, été, automne, hiver.

Maintenant elle repose en paix dans une vaste pièce. Si je devais la suivre en braillant et en sanglotant, cela montrerait que je ne comprends rien au destin.

Zhuangzi 18

LA VIE ET LA MORT sont prédestinées – perpétuelles comme la succession de l'obscurité et de l'aurore, l'affaire du Ciel. Il y a certaines choses à propos desquelles l'homme ne peut rien – elles concernent la nature des choses.

Zhuangzi 6

Si la vie et la mort sont prédestinées, cela n'a pas de sens de se lamenter sur la disparition des êtres chers.

IL Y AVAIT UN HOMME de Wei... qui ne se lamenta pas quand mourut son fils. Sa femme lui dit : « Nul au monde n'aimait son fils comme toi. Pourquoi ne te lamentes-tu maintenant qu'il est mort ?

– J'avais l'habitude de ne pas avoir de fils, répondit-il, et quand je n'avais pas de fils, je ne me lamentais pas. Maintenant qu'il est mort, il en est de même qu'avant quand je n'avais pas de fils. Pourquoi devrais-je me lamenter sur lui ? »

Liezi 6

ACCEPTER LA MORT EST SAGESSE

Si la vie et la mort sont prédestinées, nous ne pouvons pas faire grand-chose à leur sujet. La seule attitude sensible est d'accepter la mort comme une valeur positive. C'est seulement ainsi que nous pouvons commencer à vivre ou de nous réjouir de la vie. Le sage taoïste est une personne qui accepte à la fois la vie et la mort comme également bonnes : c'est se soumettre au destin avec un sourire.

L'HOMME VÉRITABLE des anciens temps ne connaissait rien de la vie aimante, ne connaissait rien de l'horrible mort. Il ne se réjouissait pas de son apparition et ne redoutait point sa disparition. Il venait d'un bon pas, s'en allait d'un bon pas, et c'était tout. Il n'oubliait pas son commencement et ne se souciait pas de sa fin. Il se contentait de ce qui lui était donné et considérait toute perte qui n'était qu'un retour. L'homme qui ne détruisait pas le Tao par son esprit et ne prétendait pas aider le Ciel, je l'appelle l'Homme véritable.

Zhuangzi 6

LA GRANDE MOTTE (la Terre) me charge de la forme, m'accable de la vie, me soulage dans la vieillesse et me repose dans la mort. Alors, si j'ai bonne opinion de ma vie, pour la même raison je dois avoir bonne opinion de ma mort.

Zhuangzi 6

ALORS QUE vous êtes en vie, résignez-vous et laissez la vie suivre son cours ; satisfaites tous vos désirs et attendez la mort. Quand il est temps de mourir, résignez-vous et laissez la mort suivre son cours. Pourquoi le différer ou accélérer sa venue ?

Liezi 7

Contrairement à des écoles taoïstes plus tardives, comme celle des alchimistes, les anciens maîtres n'accordaient pas d'importance aux méthodes permettant de prolonger la vie ou même d'essayer d'atteindre l'immortalité physique. Si la vie et la mort sont prédestinées, pourquoi lutter ?

« SUPPOSONS qu'un homme apprécie sa vie et prenne soin de son corps ; peut-il ainsi espérer vivre toujours.

– Il est impossible de vivre toujours.

– Peut-il espérer prolonger sa vie ?

– Il est impossible de prolonger sa vie. Apprécier sa vie ne peut la préserver, prendre soin de son corps ne suffit pas pour conserver la santé. D'ailleurs, pourquoi prolonger la vie ? Nos cinq passions, l'amour et la haine ont toujours existé. La sécurité et le danger concernant nos quatre membres, la joie et l'amertume des affaires de ce monde, les changements de fortune, le bon gouvernement et la discorde sont les mêmes maintenant que par le passé. Nous avons déjà entendu, déjà vu, déjà expérimenté. Même une centaine d'années est assez pour nous rassasier ; pourrions-nous endurer l'amertume d'une vie encore plus longue ? »

Liezi 7

« IL EST HUMAIN de vouloir une longue vie et de haïr la mort. Pourquoi serions-nous heureux de mourir ?

– La mort est un retour vers là où nous nous sommes mis en route quand nous sommes nés. Aussi comment puis-je savoir que, si je meurs ici, je ne naîtrai pas ailleurs ? Comment puis-je savoir si la vie et la mort ne sont pas aussi bonnes l'une que l'autre ? Comment puis-je savoir si ce n'est pas une illusion d'avoir anxieusement un grand besoin de vie ? Comment puis-je savoir si la présente mort ne serait pas meilleure que ma vie passée ? »

Liezi 1

L'une des plus belles anecdotes du Zhuangzi est l'histoire de quatre hommes qui deviennent amis. Peu de temps après, certains tombèrent malades et furent sur le point de mourir. Mais la mort est ici considérée comme la transformation de la force vitale ; bien que ce soit la fin d'une individualité, de nouvelles formes de vie sont continuellement créées. C'est comme un perpétuel feu d'artifice, éternel en son tout, mais fini dans ses expressions individuelles.

Le terme "Créateur" apparaît plusieurs fois ; le texte chinois ne désigne pas un Créateur personnel, mais une "Force créatrice".

MAÎTRE SSU, maître Yü, maître Li et maître Lai conversaient tous quatre. « Qui peut regarder le non-être comme sa tête, la vie comme son dos et la mort comme son derrière ? dirent-ils. Qui sait que la vie et la mort, l'existence et l'annihilation, sont un seul corps ? Je serai son ami ! »

Les quatre hommes se regardèrent et sourirent. Il n'y avait pas de désaccord dans leurs cœurs et ils devinrent amis.

Peu de temps après, maître Yü tomba malade. Maître Ssu vint prendre de ses nouvelles. « Surprenant !, dit maître Yü. Le Créateur m'a rendu difforme. Mon dos est bossu, mes cinq viscères se trouvent en haut de mon corps, mon menton descend jusqu'à mon nombril, mes épaules sont plus hautes que mon crâne et mes vertèbres pointent vers le ciel. Il doit y avoir un désaccord entre le yin et le yang ! »

Toutefois il semblait calme dans son cœur, imperturbable. Il se traîna jusqu'au puits pour s'y regarder et dit : « Hélas ! Le Créateur m'a rendu bien difforme.

– En as-tu horreur ?

– Pourquoi en aurais-je horreur ? Si le processus continue, peut-être que le Créateur transformera mon bras gauche en coq, dans ce cas je chanterai la nuit pour annoncer l'aube. Ou peut-être transformera-t-il mon bras droit en arbalète, et j'abattrai la caille. Ou peut-être transformera-t-il mes fesses en roue et mon âme en cheval, et je m'attellerai ; ainsi je n'aurai plus besoin d'attelage.

« J'ai reçu la vie parce que le temps était venu ; je la perdrai parce que l'ordre des choses ne s'arrête pas. Contentez-vous de ce temps et demeurez en cela, alors ni la peine ni la joie ne vous atteindront. C'est ce que les Anciens appelaient "détachement du lien" ; qui ne peut se détacher est lié par des choses et jamais les choses n'ont triomphé du Ciel. Pourquoi aurais-je horreur de mourir ? »

Zhuangzi 6

La suite de ce récit concerne encore plus le fait de préserver son individualité après la mort. Il n'en est rien ! Et demander de redevenir homme est pure arrogance.

Soudain maître Lai tomba malade. La respiration haletante, il était sur le point de mourir. Sa femme et ses enfants l'entouraient en pleurant. Maître Li, qui était venu pour demander comment il allait, dit : « Retirez-vous, ne lui faites pas craindre la transformation. »

Puis, appuyé contre le montant de la porte, il dit à maître Lai : « Combien merveilleux est le Créateur ! Que fera-t-il ensuite ? Où t'enverra-t-il ? Fera-t-il de toi le foie d'un rat ou la patte d'un insecte ? »

Maître Lai répondit : « Les parents peuvent envoyer leur fils n'importe où, vers l'est ou l'ouest, le sud ou le nord, celui-ci n'a qu'à obéir. Et le pouvoir du yin et du yang n'est-il pas plus fort que celui des parents sur leur fils ? S'il me conduit vers la mort et que je résiste, je suis un pervers. Il ne commet aucun crime envers moi. La Grande Motte m'a donné une forme, la vie m'a fatigué, la vieillesse a relâché mon activité et la mort me donnera le repos. Aussi, si je pense du bien de ma vie, de même dois-je penser du bien de ma mort. Prenons le cas d'un grand fondeur occupé à couler le métal en fusion. Si une partie de ce métal se séparant du reste lui disait : “Je tiens à devenir une [épée célèbre] Mo-yeh !”, le grand fondeur verrait certainement là une néfaste inconvenance. De même, si je disais : “Je veux rester un homme, juste un homme !”, le Créateur le trouverait également d’une néfaste inconvenance. Aussi je pense maintenant que le ciel et la terre sont une grande fonderie et que le Créateur est un grand fondeur. Où qu’il m’envoie, ce sera bien. Je vais m’endormir en paix, puis dans un sursaut je m’éveillerai. »

Zhuangzi 6

Si la vie et la mort sont les deux côtés d’une seule pièce, cela n’a aucun sens, pour un taoïste, de se lamenter lorsqu’un proche disparaît (voir aussi “La vie et la mort sont prédestinées” et “Destinée et effort humain”).

夏

Quand Lao Dan mourut, Qin Shi vint se lamenter ; mais après trois pleurs, il quitta la pièce.

« N'étiez-vous pas un ami du maître ? demandèrent des disciples de Laozi.

– Si.

– Et pensez-vous qu'il est juste de se lamenter de cette façon ?

– Oui, répondit Qin Shi. Tout à l'heure, je le pris pour un homme vivant. Maintenant, il ne l'est plus. Jadis, lorsque j'assistais à des funérailles, je remarquais que les vieux pleuraient le défunt comme ils l'auraient fait pour leur propre fils et les jeunes comme s'ils avaient pleuré leur propre mère. Dans ces occasions, il y a toujours des gens qui parlent et pleurent sans en éprouver la nécessité. Ils s'écartent de leur naturel, tournent le dos à leurs sentiments et délaissent leur prédisposition. Ces gens-là, les Anciens les appelaient les damnés du ciel. Votre maître est venu au monde parce que les circonstances l'ont permis. Il a quitté ce monde parce qu'il a obéi à d'autres circonstances. Qui s'adapte aux circonstances ne saurait être envahi par la tristesse ni par la joie.

Zhuangzi 3

MOURIR EST ALLER VERS LE REPOS

La vie passe par quatre étapes similaires aux quatre saisons : l'enfance, la jeunesse, la vieillesse, la mort. Rien d'étrange en cela ; le Daodejing *énonce que tous les êtres vivants s'épanouissent un temps pour revenir ensuite à leurs racines.*

DE SA NAISSANCE à sa mort, l'homme traverse quatre transformations : l'enfance, la jeunesse, la vieillesse et la mort. Dans l'enfance, ses énergies sont concentrées et sa volonté est une – c'est l'harmonie parfaite grâce à laquelle le monde extérieur est inoffensif et la vertu intérieure à l'état de plénitude. À l'âge adulte, les énergies de son sang débordent, le tourbillon des désirs et des soucis se lève, les choses et les êtres du monde extérieur l'assaillent ; sa vertu intérieure s'use. Dans la vieillesse, désirs et soucis s'affaiblissent, le corps exige le repos, les êtres et les choses ne sont plus des obstacles. Sans être la plénitude de l'enfance, elle est bien préférable à l'âge adulte. Quand il meurt, l'homme trouve le repos et revient à son zénith.

Liezi 1

ZIGONG, las de l'étude, dit à Confucius : « Je veux trouver du repos.

– Il n'y a pas de repos pour le vivant.

– Ainsi je ne le trouverai jamais ?

– Si. Attends avec impatience le monticule élevé de ta tombe pour savoir où tu pourras trouver le repos.

– Grande est la mort ! L'homme noble y trouve repos, l'homme moyen s'y soumet.

– Zigong, tu as compris. Tous les hommes comprennent la joie d'être en vie, mais non sa misère, l'épuisement de la vieillesse mais non sa tranquillité, la laideur de la mort mais non son repos. »

Liezi 1

YANZI DIT : « Comme les Anciens connaissaient bien la mort qui apporte la paix aux bons et soumet les méchants. C'est la mort qui rend la vertu manifeste. Les Anciens appelaient les morts “ceux qui sont rentrés”. C'est dire que les vivants sont des voyageurs. Le voyageur qui ne retrouverait pas le chemin du retour serait sans domicile. »

Liezi 1

APPRÉCIER LA VIE, ENTRETENIR LA VIE

En général, les maîtres taoïstes appréciaient la vie comme le cadeau le plus précieux et encourageaient à l'entretenir afin de passer la durée de vie accordée par la destinée. Toutefois certains maîtres sont plus sceptiques : nos efforts sont vains. Examinons les deux opinions.

APPRÉCIER la vie ne peut la préserver, prendre soin du corps ne peut l'améliorer ; mépriser la vie ne peut l'abréger, négliger le corps ne peut lui faire dommage. Ainsi ceux qui apprécient la vie ne vivent pas, ceux qui la méprisent ne meurent pas, ceux qui prennent soin du corps ne peuvent l'améliorer, ceux qui le négligent ne lui font pas dommage. Cela semble déraisonnable, mais ne l'est pas ; dans ces conditions, la vie et la mort, le bien et le dommage, viennent d'eux-mêmes.

Liezi 6

Celui qui comprend vraiment la vie ne se préoccupe pas de ce sur quoi sa vie ne peut rien faire. Celui qui comprend la vraie nature du destin ne se préoccupe pas de ce que son intelligence ne peut rien faire. Pour nourrir le corps, il faut se procurer les biens matériels, certains en possèdent en abondance et cependant leur corps n'est pas nourri. La vie repose sur les soins du corps ; mais il y a ceux dont le corps est bien soigné et dont la vie est prématurément détruite. Quand la vie apparaît en ce monde, personne ne peut la repousser ; quand elle s'en va, personne ne peut la retenir ; malgré cela, les gens persistent à croire que nourrir son corps peut conserver la vie. Si la nourriture ne peut pas conserver la vie, qu'est-ce qui mérite d'être fait en ce monde ? Ce qui ne mérite pas d'être fait, mais qu'on ne peut pas faire, on dit que c'est inévitable.

Zhuangzi 19

家

Le Zhuangzi *décrit différentes catégories de pratiquants poursuivant leur propre but : soit d'être reclus soit de s'engager dans les affaires mondaines pour améliorer le monde. Ils sont tous jugés comme manquant l'essence. Voici le type de personne qui veut prolonger sa vie :*

HALETER, souffler, héler, siroter, recracher le vieux souffle et aspirer le nouveau, pratiquer la suspension de l'ours et l'étirement de l'oiseau, en n'ayant que la longévité pour but – telle est la vie de celui qui pratique l'induction [gymnastique], l'homme qui nourrit son corps, qui espère vivre aussi vieux que Pengzu [personne mythique qui aurait vécu plus de 860 ans].

Mais atteindre la grandeur sans forcer la volonté, achever l'entraînement moral sans bienfaisance ni droiture, le bon ordre sans les accomplissements de la gloire, les loisirs sans fleuves ni mers, une longue vie sans induction, perdre toute chose et pourtant posséder toute chose, à l'aise dans l'illimité... c'est la Voie du Ciel et de la terre, la Vertu du Sage. Aussi il est dit : la limpidité, le silence, le vide, l'inaction – voilà le niveau du Ciel et de la terre, la substance de la Voie et de sa Vertu.

Zhuangzi 15

Le Doadejing *est moins explicite en ce qui concerne le fait d'apprécier et de nourrir la vie. Toutefois l'on indique qu'une longue vie est préférable à une vie courte. En fait, la destinée semble avoir son rôle à jouer. Sur dix personnes, une seule est destinée à la longévité :*

DÈS QUE L'ON NAÎT, on est exposé à la mort.
Sur dix, trois marchent vers la vie.
Sur dix, trois marchent vers la mort.
Également trois sur dix
qui devraient vivre mais se précipitent vers la tombe.
Et pourquoi ? Parce qu'ils vivent une vie trop intense.
On entend dire que celui qui sait
prendre soin de sa vie, ne rencontre
ni rhinocéros ni tigre quand il voyage.
Il n'est pas touché par les armes durant la bataille.
Le rhinocéros ne trpouve pas d'endroit où planter sa corne.
Le tigre ne trouve pas d'endroit où planter ses griffes.
Les armes ne trouvent pas d'endroit où planter leurs pointes.
Pourquoi donc ?
Parce qu'il n'a pas de point vulnérable à la mort.

Daodejing 50

PROLONGER SA VIE, c'est atteindre le bonheur,
Contrôler son souffle vital *(qi)*, c'est atteindre la
maîtrise de soi.
Le vivant qui se dépense dépérira :
on dit qu'il a atteint le Non-Tao.

Daodejing 55

La vie est un don précieux que l'on doit chérir et traiter avec beaucoup d'attention. Un merveilleux récit du Zhuangzi *compare l'entretien de la vie avec l'extrême attention dont fait preuve le boucher quand il manie son couteau.*

LE BOUCHER Ding dépeçait un bœuf pour le prince Wenhui. Ses mains empoignaient l'animal, il le poussait de l'épaule et, les pieds rivés au sol, il le maintenait des genoux. Il enfonçait son couteau avec un rythme musical parfait...

« Ah, c'est merveilleux ! dit le prince Wenhui. Comment ton art peut-il atteindre un tel degré ? »

Le boucher Ding déposa son couteau et dit : « J'aime le Tao et ainsi je progresse dans mon art. Au début de ma carrière, je ne voyais que le bœuf. Après trois ans d'exercice, je ne voyais plus le bœuf. Maintenant c'est mon esprit qui opère plus que mes yeux. Mes sens n'agissent plus, mais seulement mon esprit.

Un bon boucher use un couteau par an car il ne découpe que la chair. Un boucher médiocre en use un par mois car il le brise sur les os. Le même couteau m'a servi depuis dix-neuf ans. Avec lui j'ai dépecé plusieurs milliers de bœufs et son tranchant paraît toujours comme s'il était aiguisé de neuf...

– Excellent ! dit le prince Wenhui. Après avoir entendu les paroles du boucher, je saisis l'art de me conserver. »

Zhuangzi 3

更

LA DÉTÉRIORATION PHYSIQUE CONTRE L'ESPRIT

DANS LE PAYS de Lu vivait un homme nommé Sushan No-Toes, qui avait subi l'amputation des orteils. En clopinant, il alla demander à Confucius de l'instruire.

« À quoi bon venir maintenant, lui dit Confucius, puisque c'est ton imprudence qui a causé ton malheur ?

– Je manquais d'expérience et je me suis mal soigné, j'ai perdu un pied, répondit No-Toes. En venant ici je voudrais préserver ce qui est plus précieux que mon pied. Je pensais tout à l'heure que vous étiez semblable au ciel qui protège tout et à la terre qui soutient tout. Aussi ne m'attendais-je pas, Maître, à recevoir de vous une pareille réponse.

– Pardonnez mon incivilité, dit Confucius. Entrez, et je vous prie de m'enseigner ce que vous savez. »

Mais No-Toes se retira... et s'entretint avec Lao Dan. « Confucius n'est-il pas encore un homme parfait ? Pourquoi est-il si empressé de recevoir vos leçons ? Il semble rechercher la renommée dans l'étrangeté de ses discours et de ses paradoxes. Il ne comprend pas qu'aux yeux de l'homme parfait tout cela ne représente que menottes et entraves. »

Lao Dan dit : « Pourquoi ne lui avez-vous pas fait comprendre que la vie et la mort, le possible et l'impossible ne font qu'un ? Vous l'auriez peut-être délivré de ses menottes et de ses entraves.

– Si celles-ci sont une punition du ciel, répondit No-Toes, comment voulez-vous l'en préserver ? »

Zhuangzi 5

盟

SE RÉJOUIR DE LA VIE

La vie est un cadeau gratuit : il est naturel de le recevoir avec joie et de s'en réjouir. Les anciens maîtres taoïstes étaient tous d'accord à ce sujet. Yang Zhu, qui vécut au quatrième siècle avant notre ère, était un taoïste d'allure sauvage. Il serait plus exact de ne pas le dire taoïste, mais épicurien au sens strict. Le Liezi, *toutefois, contient un chapitre sur Yang Zhu, et il est intéressant d'entendre son point de vue provocateur.*

QUE FAUT-IL à l'homme pour vivre ? Où trouve-t-il la gaieté ? Seulement dans les beaux habits et la bonne chère, la musique et les belles femmes.

Que ce soit à dix ans, à cent ans, nous mourons tous ; les saints et les sages meurent, les méchants et les fous meurent. Dans la vie, il y avait Yao et Shun [modèles des anciens sages], dans la mort, ce sont des os pourris ; dans la vie, il y avait Jie et Zhou [de célèbres malfaisants], dans la mort, ce sont des os pourris. Les os pourris sont les mêmes, qui peut faire la différence ? Aussi profitons de l'instant présent, vivons ! Peu nous importe ce qu'il y a après la mort ! »

Liezi 7

Yang Zhu était aussi un réaliste : il est réaliste de se réjouir de ce que l'on a et de ne pas aspirer à plus. (Voir "Contentement".)

夏

CONTENTEMENT

Les anciens maîtres nous mettent en garde contre les désirs trop impétueux. Un gouvernant tenu par les désirs de pouvoir et de richesse est un désastre pour le pays. Un sage est capable de vaincre le désir et d'être content. Le contentement est le précieux joyau de la gaieté.

UNE GRANDE MAISON, de beaux habits, une bonne chère, de belles femmes – si vous avez ces quatre, que voulez-vous de plus ? Celui qui les a et demande plus a une insatiable nature. Une nature insatiable est une larve qui sape ses forces vitales.

Liezi 6

IL EST DIT : ceux qui gardèrent le monde dans les temps anciens étaient sans désirs et le monde était satisfait, sans action, et les dix mille êtres étaient transformés. Ils étaient profonds et silencieux, et les cent clans étaient au repos.

Zhuangzi 12

Chez les gouvernants, le désir de puissance est cause de guerre ; et cause de calamité chez les individus. Il n’y a qu’un antidote à cela : le contentement.

Il n’y a pas de plus grande calamité que d’ignorer le
contentement.
Il n’y a de plus grand désastre que de toujours
désirer plus.
En fait celui qui connaît le contentement d’être
content est toujours content.

Daodejing 46

Il n’y a rien qui puisse protéger
une salle pleine d’or et de jade.
Qui tire orgueil de sa richesse et de ses honneurs
s’attire bien des malheurs.

Daodejing 9

QUICONQUE est toujours sans désirs
    est capable de pénétrer la sublimité [du Tao].
Quiconque a toujours des désirs
    ne peut contempler que les manifestations [du Tao].

Daodejing 1

CE QUI EST difficile à obtenir dans le monde, ce n'est ni la richesse ni l'honneur. C'est le contentement connaissant. Ce qui tracasse les gens, c'est l'incessant courant du désir.

Ji Kang, *Dictionary of Famous Quotations*, 417

CEUX QUI connaissent le contentement sont unis au Tao et à son pouvoir. Ils renoncent à la gloire et au profit, et ils se lèvent dans le domaine du vide.

Yan Zun, *ibid.*, 417

LE GOUVERNANT SAGE

LE SAGE : LE SOMMET DE LA PERFECTION HUMAINE

Dans le Daodejing, *le terme désignant celui qui a atteint la perfection est* shengren : *le sage (ou le saint). Dans le* Zhuangzi, *plusieurs autres termes sont employés, probablement comme équivalents :* zhenren *(la personne véritable, l'homme réalisé) ;* shenren *(la personne spirituelle, le saint homme) ;* zhiren *(la personne parfaite, l'homme suprême).*

Dans les textes taoïstes plus tardifs, le plus grand idéal auquel on aspire est exprimé par le terme xian, *traduit selon le cas par immortel, parfait, transcendant. Pour devenir un* xian, *on doit suivre un rigoureux programme de pratiques spirituelles et physiques. (Voir "Immortel".)*

LE SAGE embrasse l'Unité
et devient pour le monde un modèle.
Il ne cherche pas à briller, c'est pourquoi il atteint
l'illumination.
Il ne se justifie pas et ainsi il est connu partout.
Il est sans vanité, c'est pourquoi il accomplit ses œuvres.
Il ne se met pas en avant, c'est pourquoi il devient grand.
Précisément parce qu'il ne lutte pas, personne ne peut
lutter avec lui.

Daodejing 22

LE SAGE AGIT mais ne garde pas ;
l'œuvre accomplie, il ne s'y attache pas.
Il n'éprouve nul désir d'étaler son importance.

Daodejing 77

SA VIE EST le cours même de la nature ; sa mort, la transformation des choses. Au repos, il ondule avec le yin ; en mouvement, il s'ouvre avec le yang. Ses esprits vitaux sont imprégnés d'une paix infinie, il ne se perd pas dans les choses et pourtant le monde se soumet spontanément à lui... Par le non-être, le sage répond aux choses et nécessairement pénètre les lois de l'existence ; par son vide il reçoit la plénitude et pénètre ses règles. Calme et inconscient, vide et paisible, il accomplit ainsi sa destinée. Par conséquent, rien n'est distant de lui, rien n'est proche de lui, il embrasse *De* et se mêle à l'Harmonie, et il suit ainsi le cours du ciel. Il est près du Tao et touche *De* , il n'est pas attiré par la bonne fortune ni n'est pressé par l'infortune ; ses *hun* et *po* (âmes) restent en place et ses esprits vitaux se maintiennent à la racine. La vie et la mort ne font pas de différence pour lui ; c'est pourquoi il est appelé suprêmement spirituel (*shen*, divin).

Huainanzi 7

CELUI QUI s'attache à la Voie est complet en Vertu *(De)* ; étant complet en Vertu, il est complet dans le corps ; étant complet dans le corps, il est complet en esprit *(shen)* et être complet en esprit est la Voie du sage. Il est satisfait de vivre parmi les gens, de marcher à leur côté et de ne jamais savoir où il va. Simple, sa pureté est complète. Réussite, profit, organisation, habileté – ils n'ont pas place dans l'esprit de cet homme ! Un tel homme n'ira pas là où il n'a pas de raison d'aller, ne fera pas ce qu'il n'a pas l'intention de faire... La louange et le blâme du monde ne sont ni perte ni gain pour lui. On peut l'appeler un homme de Complète Vertu.

Zhuangzi 12

LE SAGE embrasse le ciel et la terre, et sa bonté s'étend au monde entier, pourtant personne ne sait qui il est ni à quelle famille il appartient. Pour cette raison, dans la vie il ne porte aucun titre, dans la mort il ne reçoit aucun nom posthume. Les réalités ne s'assemblent pas à son sujet, les noms n'ont pas d'emprise sur lui – c'est pourquoi il est appelé le Grand Homme.

Zhuangzi 24

Il a déjà été dit que la perfection humaine est signalée par plusieurs termes en plus de shengren. *En voici quelques autres.*

QUE SON ESPRIT monte et s'élève à la lumière ; avec sa forme corporelle, il dissout et disparaît. C'est ce qu'on appelle l'Illumination de l'Immensité. Il est extérieur à son destin, suit jusqu'à la fin sa forme véritable et se repose dans la joie du Ciel et de la terre tandis que les dix mille soucis disparaissent. Aussi toutes choses reviennent à leur vraie forme. C'est ce qu'on appelle la Confuse Ténèbre.

Zhuangzi 12

L'Homme parfait [*zhiren*] n'a pas de moi :
Le Saint Homme [*shenren*] n'a pas de mérite ;
Le Sage [*shengren*] n'a pas de gloire.

Zhuangzi 1

LA TRANSCENDANCE DU SAGE

Le Zhuangzi *débute par le récit d'un poisson mythique qui se transforme en oiseau. Le vol de l'oiseau s'étend beaucoup plus loin que ne pourraient le faire les petites créatures. De même, le sage transcende la myriade des petites créatures dotées de peu de compréhension. L'énorme oiseau symbolise également les voyages mystiques du sage au-delà du temps et de l'espace : c'est un état de liberté spirituelle et de perfection.*

DANS LA TÉNÈBRE septentrionale il y a un poisson nommé Kun. Le Kun est si énorme que je ne sais combien de milliers de *li* il mesure. Il se métamorphose et devient un oiseau dont le nom est Peng. Le dos du Peng s'étend sur je ne sais combien de *li* et lorsque l'oiseau s'élève et s'envole, ses ailes sont comme des nuages dans le ciel. C'est lors de la grande marée que l'oiseau se prépare à partir pour la ténèbre méridionale, alors il fait jaillir l'eau sur une longueur de trois mille *li*. Il s'élève en spirale, soutenu par un vent ascendant de quatre-vingt-dix mille *li*. Il se déplace le sixième mois où le grand vent souffle...

Quand la masse d'eau n'est pas profonde, elle n'a pas la force de soutenir un grand bateau. Renversez une tasse d'eau dans la crevasse d'un terre-plein et prenez en guise de bateau un brin d'herbe : celui-ci flottera...

Si la masse d'air n'est pas épaisse, elle n'a pas la force de soutenir les grandes ailes. C'est pourquoi le Peng doit s'élever à une hauteur de quatre-vingt-dix mille *li* pour avoir le vent sous lui. Utilisant la force du vent, portant le ciel bleu sur son dos, il ne rencontre pas d'obstacles pour se diriger vers le sud.

Une cigale et un pigeon se moquèrent et dirent : « Nous nous levons brusquement et volons pour nous poser sur un orme ou un chêne ; parfois nous tombons sur le sol avant d'y être arrivés. À quoi bon s'élever à quatre-vingt-dix mille *li* pour se diriger vers le sud ? »... Que savent donc ces deux créatures ? Une petite connaissance ne saurait être comparable à une grande ; une courte vie à une longue existence...

L'aveugle ne voit pas les beaux ornements et le sourd n'entend pas le bruit de la cloche et du tambour. Non seulement le corps a sa cécité et sa surdité – mais aussi l'intelligence.

Zhuangzi 1

L'ACTION DU SAGE

Le sage est une personne en union avec le Tao. Son mode d'opération suit le modèle du Tao, qui est en fin de compte le "non-agir" (wuwei).

DANS SES ACTES le sage pratique le "non-agir",
Il répand l'enseignement sans parler.
Tous les êtres viennent à lui et il ne les rejette pas.
Il agit et ne garde rien.
L'œuvre accomplie, il ne s'y attache pas.
Et précisément parce qu'il ne s'attache pas, il ne
perd rien.

Daodejing 2

Le sage se tient à l'arrière-plan
    mais il se trouve au premier plan.
Il élimine sa propre personne
    mais sa personnalité s'affermit.
N'est-ce pas parce qu'il est sans moi
    que son identité est réalisée ?

Daodejing 7

Le sage évite les extrêmes
    il évite la démonstration vide,
    il évite les excès.

Daodejing 29

Le sage connaît sans voyager,
    comprend sans voir,
    accomplit sans agir.

Daodejing 47

Le sage sert de modèle sans heurter,
il est scrupuleux sans blesser,
il est naturel sans arbitraire,
il est lumière sans aveugler.

Daodejing 58

Le sage n'agit pas et ne gâche rien.
Il ne s'attache à rien et ne perd rien.

Le sage désire ne pas désirer ;
Il n'attache aucun prix aux objets rares.
Il apprend à désapprendre,
Il revient à ce qui pour la foule reste inaperçu.
Il favorise ainsi le cours naturel des choses
et ne se risque pas à agir.

Daodejing 64

Le sage se connaît mais ne se montre pas.
Il s'aime mais ne s'estime pas.

Daodejing 72

LE SAGE n'accumule aucun bien :
  Plus il fait pour les autres et plus il possède ;
  Plus il donne aux autres et plus il reçoit.

La voie du sage est d'agir sans lutter.

Daodejing 81

LE SAGE GOUVERNANT

Idéalement, la personne qui gouverne le pays est un sage. Cela apparaît très clairement dans le Daodejing, *où la figure du sage apparaît souvent hors du contexte du gouvernement mais il est également décrit comme un gouvernant, bien sûr un gouvernant idéal, un sage gouvernant.*

Le Daodejing *montre occasionnellement une tendance anti-intellectuelle : maintenir le peuple dans l'ignorance, tout en s'assurant qu'il a suffisamment à manger, est présenté comme la meilleure méthode pour assurer l'harmonie dans l'état.*

Zhuangzi, d'autre part, dédaigne le gouvernement et décourage les autres d'accepter des postes dans le gouvernement : c'est trop dangereux, car les rois sont connus pour être imprévisibles.

LE GOUVERNEMENT du sage consiste à vider les
esprits et emplir les ventres,
À affaiblir les ambitions et à fortifier les os.
Il s'arrange pour que le peuple soit ignorant et sans
désir,
Il fait en sorte que les malins n'osent agir.
En pratiquant le non-agir, il n'y a rien qui ne soit
dans l'ordre.

Daodejing 3

LE SAGE n'a pas de cœur à lui :
il fait sien le cœur des gens...
La présence du sage apporte l'harmonie :
il ouvre largement son cœur au monde.
Tous les gens le regardent et l'écoutent :
le sage les admet tous pour ses enfants.

Daodejing 49

LA DIRECTION du pays implique l'art de gouverner.
Le métier des armes implique la stratégie.
Pour gagner le monde, il faut être libre de toute activité.
D'où me vient cette connaissance ? De ceci :
Plus il y a d'interdits dans le monde
et plus l'esprit du peuple s'appauvrit.
Plus les hommes disposent d'armes efficaces
plus le pays est dans la confusion.
Plus les gens ont recours à l'habileté et à la ruse,
plus apparaissent des signes néfastes.
Plus on publie de lois et de décrets,
plus il y a de voleurs et de brigands.
C'est pourquoi le sage dit :
Je n'agis pas et le peuple évolue de lui-même.

Daodejing 57

Pour gouverner les gens et servir le ciel
    rien n'est meilleur que la frugalité.

Daodejing 60

On dirige un grand pays
comme on fait frire de petits poissons.

Daodejing 60

Si le grand royaume s'abaisse devant le petit,
    par là même il le conquiert.
Si le petit royaume s'abaisse devant le grand
    par là même il est conquis par lui...
Quiconque désire être grand
    fait bien de s'abaisser.

Daodejing 61

QUICONQUE veut être au-dessus du peuple
    doit se mettre en paroles au-dessous de lui.
Quiconque veut se tenir en tête du peuple
    doit se mettre lui-même en retrait.
Par suite il reste éminent
    et les gens ne sentent pas son poids.
Il se maintient à la première place
    et les gens ne se sentent pas blessés...
Comme jamais il ne lutte,
    nul au monde ne saurait se faire son rival.

Daodejing 66

SI LE GOUVERNANT est limpide, calme et non actif,
les cieux le pourvoiront de saisons convenables.
S'il ne s'approprie pas ce qui n'est pas à lui,
est frugal et fait preuve de modération,
la terre lui livrera sa bonté.
S'il est content d'être stupide tout en louant
les vertus des autres,
les sages lui apporteront leur conseil.
C'est au sol bas que la myriade de choses apportent remède
et au vide que l'empire apporte ses dons.

Huainanzi, Livre 9

LA VOIE du gouvernant est de cultiver sa personne en demeurant dans la quiétude et de conduire ses sujets avec frugalité et modération. S'il est dans la quiétude, ses sujets ne sont pas perturbés ; s'il est frugal, son peuple n'aura aucune raison de se plaindre. Si ses sujets devaient être perturbés, cela indiquerait un désordre politique ; si son peuple avait des raisons de se plaindre, cela voudrait dire que sa bonté n'est pas généreuse. Là où il y a désordre politique, ceux qui ont un caractère supérieur ne présenteront pas leur conseil, et quand la bonté du gouvernant n'est pas généreuse, les gens de valeur ne mourront pas pour lui.

Huainanzi, Livre 9

L'HOMME habile donne de la responsabilité aux autres, ainsi son pouvoir ne diminue pas quand il devient vieux, et il n'est pas jeté dans la confusion quand sa connaissance vient à manquer. Par conséquent la difficulté de gouverner un état réside dans la reconnaissance de l'habileté, non en étant habile soi-même.

Liezi 8

Le roi Zhuang de Chu demanda à Zhan He :

« Comment mettrai-je mon État en ordre ?

– Votre serviteur comprend comment mettre sa propre vie en ordre, mais pas l'État.

– J'ai hérité de mes ancêtres royaux les mausolées et les autels de l'État ; je désire apprendre comment les conserver.

– Votre serviteur n'a jamais entendu parler d'un prince dont la vie est en ordre alors que son État est dans le trouble, ni d'aucun dont la vie est en désordre mais son État en ordre. Par conséquent la racine réside dans votre gouvernement de vous-même ; je ne voudrais pas être impertinent en vous parlant dans ma réponse des pointes des branches.

– Bien ! » dit le roi de Chu.

Liezi 8

UN CADEAU POUR LE GOUVERNANT

Quand les gouvernants sont sur le trône et que les officiels sont installés, ils reçoivent de précieux cadeaux, comme du jade et des chars. Il y a un cadeau plus précieux que toute autre chose.

QUAND LE FILS du Ciel [l'empereur] est placé sur le trône,
ou quand les trois ducs sont installés,
bien que des tablettes de jade soient présentées
précédées des attelages de chevaux,
il serait préférable de s'agenouiller devant eux
et d'offrir ce Tao.

Daodejing 62

IL Y A AUSSI UN MAUVAIS GOUVERNEMENT !

Les gouvernants sont tentés par le désir du pouvoir et de la richesse. À moins qu'ils ne pratiquent la frugalité et l'économie, le peuple sera pauvre et souffrira.

LES COURS sont gardées en bonne forme
mais les champs sont remplis d'ivraie
et les greniers sont vides.
Ils [les gouvernants] sont vêtus de soies colorées,
ils portent des sabres tranchants,
sont gorgés de nourriture et de boisson ;
la richesse et les biens sont abondants.
C'est ce qu'on appelle du vol et de la parade.
Ce n'est pas du tout le Tao !

Daodejing 53

Le peuple souffre d'inanition parce que les gouvernants mangent trop le produit des impôts.
C'est pourquoi ils font mourir de faim.
Le peuple est difficile à gouverner parce que les gouvernants agissent [interfèrent] trop.
C'est pourquoi il est difficile à gouverner.
Si le peuple fait peu cas de la mort, c'est parce que les gouvernants mènent trop grand train.
C'est pourquoi il fait peu de cas de la mort.
Seuls ceux qui n'agissent point pour l'amour de la vie sont meilleurs que celui qui tient à la vie.

Daodejing 75

来

SI LE GOUVERNANT a un penchant pour les oiseaux prédateurs et les animaux féroces, les choses rares et exotiques, qu'il est anxieux et agité, s'il ne ménage pas les efforts de son peuple, s'il prend plaisir aux chevaux et à la chasse et n'en fait qu'à sa tête, alors les devoirs de la bureaucratie connaîtront le désordre et il y aura peu de richesse en dépit d'un dur labeur, le peuple sera misérable et affligé, et leurs moyens de vie seront appauvris. Si le gouvernant prend goût aux grands pavillons, aux profondes piscines, à l'ornementation sculptée et gravée, aux beaux motifs colorés, aux broderies délicates, aux pierres précieuses et aux bijoux, alors ses impôts seront exorbitants et les énergies du petit peuple seront extrêmement diminuées.

Huainanzi, Livre 9

请

STRATÉGIE MILITAIRE

Dans la Chine ancienne, la guerre était un passe-temps courant du gouvernement, souvent engagée pour de piètres raisons. Toutefois les taoïstes s'opposaient à la guerre et ne l'approuvaient qu'en cas d'attaque extérieure. Malgré cela, tuer les autres était considéré comme regrettable. La victoire en guerre était vue comme un service funéraire.

CELUI QUI VEUT assister le conducteur des hommes avec le Tao
ne contraint pas le pays par la force militaire.
La force militaire conduit facilement à la vengeance.
Là où campent des armées poussent chardons et ronces.
Après les combats viennent toujours des années de disette.
Un bon [général] accomplit sa tâche et s'arrête ;
Il accomplit sa mission sans se mettre en valeur ;
Il accomplit sa mission mais ne se glorifie pas ;
Il accomplit sa mission mais n'en est pas fier ;
Il accomplit sa mission mais à regret ;
Il accomplit sa mission mais sans exercer de contrainte.

Daodejing 30

Les armes sont des instruments de malheur
et bien des gens les détestent.
Par conséquent un homme du Tao les désapprouve...
Les armes sont des instruments de malheur
et non les instruments d'un bon prince.
Il les emploie à contrecœur...
Se réjouir d'une victoire reviendrait à se réjouir du meurtre des hommes.
Celui qui voudrait se réjouir du meurtre des hommes ne saurait atteindre son but dans le monde...
Puisque dans la guerre beaucoup perdent la vie,
on doit le déplorer avec des larmes de compassion.
Pendant la célébration d'une victoire, on doit placer
le peuple comme dans une cérémonie funèbre.

Daodejing 31

Si le Tao prévaut dans le monde,
on retire les coursiers pour transporter le fumier.
Si le Tao fait défaut dans le monde,
on élève des chevaux de guerre dans la prairie.

Daodejing 46

Si l'on aime avec compassion dans la bataille,
on obtiendra la victoire.
Dans la défense, on sera invincible.
Si le Ciel veut sauver quelqu'un, il le protégera
par l'amour compassionné.

Daodejing 67

Un bon meneur d'hommes n'est pas agressif,
Un bon soldat ne se met pas en colère.
Un vainqueur habile triomphe sans combat.
Un bon manieur d'hommes reste en retrait.
C'est ce qu'on appelle la force qui ne lutte pas.

Daodejing 68

UN STRATÈGE d'antan a dit :

« Plutôt que d'être l'agresseur, je préfère être le défenseur ;
Plutôt que d'avancer d'un pouce, je préfère reculer d'un pied. »

...

Il n'y a pire calamité que sous-estimer son ennemi...
Quand deux armées s'entrechoquent au combat,
le vainqueur est celui qui le fait d'un cœur lourd.

Daodejing 69

QUI A le courage d'oser sera tué.
Qui a le courage de ne pas oser sera en vie.

Daodejing 73

WUWEI : LE NON-AGIR

L'un des plus grands paradoxes de l'ancienne pensée taoïste est le concept de wuwei, *littéralement "non-agir". Cela ne veut pas dire que les gouvernements ne font rien, mais qu'ils interfèrent aussi peu que possible dans la vie des gens. Que le peuple prenne l'initiative et la société aura un cours facile. L'interférence est contre-productive ; elle cause du trouble et peut même mener à la rébellion.*

Dans l'application, le wuwei *est également important dans la vie des individus. Ici cela signifie laisser les autres seuls, ne pas les forcer à penser et à agir contre eux-mêmes, ne pas revendiquer auprès d'eux, ne pas espérer des récompenses pour ses propres services. Il signifie également que l'on ne doit pas posséder les autres, pas même les êtres les plus chers. L'amour doit être un don gratuit : on ne peut l'exiger.*

La richesse du concept de wuwei *est vraiment curieuse ; ses applications dans la vie réelle sont sans fin.*

PEU SOUS LE CIEL atteignent le principe de l'enseignement sans mots
et les avantages du non-agir.

Daodejing 43

QUI S'ADONNE à l'étude chaque jour accroît son savoir.
Qui s'adonne au Tao chaque jour se défait de son savoir.
Il s'en défait et s'en défait encore
jusqu'à ce qu'il parvienne à l'état de non-agir.
Dans le non-agir rien ne demeure inaccompli.
En ne s'engageant jamais dans l'action
on gagne le monde.
Si l'on s'engage dans l'action, on est incapable de gagner le monde.

Daodejing 48

AGIR sans agir.
Faire sans faire.
Goûter sans goûter.
Agrandir le petit,
Augmenter le peu.
Répondre au ressentiment avec gentillesse.
Concevoir le difficile quand il est encore facile.
Faire le grand quand il est encore petit.
Par conséquent le sage ne fait jamais le grand
Et il est alors capable d'achever la grandeur.

Daodejing 63

GAGNER le monde sans s'engager dans l'action...
Aussi le sage dit :
Je n'agis pas et les gens sont transformés d'eux-mêmes.
J'aime la tranquillité et les gens s'ordonnent d'eux-mêmes.
Je ne fais pas d'affaires et les gens s'enrichissent eux-mêmes.
Je n'ai pas de désirs et les gens atteignent d'eux-mêmes la simplicité.

Daodejing 57

SI QUELQU'UN veut saisir le monde et le manipuler, je vois qu'il ne réussira pas.
Le monde est quelque chose de "spirituel".
Il ne peut être manipulé.
Le manipuler est le détruire, le saisir est le perdre.

Daodejing 29

Il est dit que ceux qui gardaient le monde dans les temps anciens étaient sans désirs et le monde était satisfait, sans action, et les dix mille choses étaient transformées. Ils étaient profonds et silencieux et les cent clans étaient au repos.

Zhuangzi 12

Le wuwei *a été interprété de différentes manières. Toutes les interprétations en révèlent quelques aspects sans en atteindre le fond. Voici une interprétation : la personne parfaite qui*

Reste dans la société mais refuse d'agir pour les motifs qui conduisent ordinairement les hommes à lutter pour la richesse, la gloire, le succès ou la sécurité. Elle conserve un état de wuwei ou de non-agir... une façon de se comporter qui n'est pas fondée sur des buts déterminés de gain ou d'effort. Dans un tel état, toutes les actions humaines deviennent aussi spontanées et indifférentes que celles du monde naturel.

Watson, 6

Zhuangzi, et Liezi après lui, emploient souvent l'analogie de l'artisan ou de l'artiste pour décrire ce mode de vie.

LE MENUISIER Qing fit, pour une batterie de cloche, un support en bois qui frappa les yeux de tous les visiteurs comme s'il avait été l'œuvre des dieux ou des esprits. Quand le marquis de Lu le vit, il demanda : « Quel est ton art ? »

Qing répondit : « Je ne suis qu'un artisan – comment pourrais-je avoir un art ? Il y a une chose, toutefois. Avant de travailler à mon support, je me gardai de dissiper mon énergie ; j'ai gardé l'ascèse afin de calmer mon esprit. Après trois jours de jeûne, je ne songeais plus aux félicitations ni aux récompenses, ni aux titres, ni au salaire. Après cinq jours, je ne songeais plus aux critiques ni aux éloges, à l'adresse ni à la maladresse. Après sept jours, j'oubliai brusquement que j'avais quatre membres et un corps. À ce moment, le gouvernant et sa cour n'existaient plus pour moi. L'art m'absorbait si profondément que tout tracas du monde extérieur disparut. J'allai alors dans une forêt de la montagne et me mis à observer la nature des arbres. Ce ne fut que lorsque mes regards tombèrent sur des formes parfaites que la vision de mon support surgit en moi et que je commençai à y mettre la main. Sans cela c'en aurait été fait de mon travail. C'est sans doute grâce à la conformité parfaite entre ma nature et celle de l'arbre que mon œuvre paraît être celle d'un dieu.

Zhuangzi 19

Si l'on est porté finalement dans l'action égoïste, on ne peut réussir. L'histoire des mouettes parle d'elle-même.

Il y avait un homme vivant au bord de la mer qui aimait les mouettes. Chaque matin, il descendait à la mer pour jouer avec les mouettes et les oiseaux venaient vers lui par centaines. Son père lui dit :

« J'ai entendu que les mouettes viennent jouer avec toi. Rapporte-m'en quelques-unes pour que je puisse m'amuser avec elles. »

Le lendemain, quand il descendit à la mer, les mouettes dansaient au-dessus de lui mais sans descendre.

Ainsi il est dit : « Le discours parfait est sans paroles, l'acte parfait est de ne pas agir. »

Liezi 2

Dans l'ouvrage monumental de Joseph Needham, Science and Civilization in China, *on trouve une autre interprétation du* wuwei :

S'ABSTENIR d'activités contraires à la Nature, i.e. s'abstenir de vouloir absolument aller contre la fibre des choses, d'essayer de faire que des matériaux exercent des fonctions pour lesquels ils ne sont pas faits, d'employer la force dans les affaires humaines alors que les hommes avisés peuvent voir que cela conduit à l'échec, et que des méthodes plus subtiles de persuasion, ou simplement le fait de laisser les choses suivre leur propre cours, apporteraient le résultat désiré.

Needham, II, 68

Il cite le Huainanzi *pour illustrer ce point :*

CERTAINS maintiennent que la personne qui agit dans l'esprit du wuwei est celui qui est serein et ne parle pas, ou celui qui médite et ne bouge pas ; il ne vient pas quand il est appelé ni n'est conduit de force. Et ce comportement, est-il affirmé, est l'apparence de celui qui a obtenu le Tao. Je ne peux admettre une telle interprétation du wuwei. Je n'ai jamais entendu une telle explication de la part d'un sage...

La configuration de la terre fait que l'eau coule vers l'est, néanmoins l'homme doit ouvrir des canaux pour y circuler. Les céréales poussent au printemps, néanmoins il est nécessaire que le travail humain les fasse croître et mûrir. Si toute chose était laissée à la Nature, si la naissance et la croissance étaient attendues sans l'effort humain, Kun et Yü [anciens sages] n'auraient acquis aucun mérite et la connaissance de Hou Ji [seigneur du grain ancien héros agraire] n'aurait pu être mise en pratique. Par conséquent, ce que signifie *wuwei* de mon point de vue, c'est qu'aucun préjugé personnel n'interfère avec l'univers et que ni désir ni obsession ne détourne les cours véritables des techniques. La raison doit guider l'action afin que le pouvoir puisse être exercé selon les propriétés intrinsèques et les tendances naturelles des choses...

Dans toutes leurs méthodes d'action, les sages suivent la Nature des choses.

Needham, II, 68-69

Pour résumer, Needham dit :

LES PLANTES poussent mieux sans l'ingérence de l'homme ; les hommes prospèrent mieux sans l'ingérence de l'État.

Needham, II, 70

Contrairement à ce que le "monde" pense, la vraie gaieté existe dans l'exercice du non-agir. C'est difficile à comprendre et à accepter ; il faut être un sage et le pratiquer. Toutefois, il faut savoir que le "non-agir" ne signifie pas "ne rien faire".

Y A-T-IL dans le monde une chose comme la parfaite joie ou non ? Y a-t-il une façon de se garder vivant ou non ?...

Quand j'observe ce pour quoi aujourd'hui le vulgaire agit et ce dont il fait sa joie, je ne sais si cette joie est une vraie joie ou non. Ce dont tout le monde fait sa joie, ce vers quoi la plupart des hommes s'empressent tout droit comme s'ils ne pouvaient faire autrement, tout le monde l'appelle joie ; mais je ne sais s'il y a là joie ou non. Une telle joie cxiste-t-elle vraiment ou n'existe-t-elle pas ?

Dans le non-agir, selon moi réside la vraie joie. Mais tout le monde le considère comme la plus grande souffrance. Ainsi est-il dit : « La joie suprême est sans joie ; la gloire suprême est sans gloire. » On ne saurait définir le vrai et le faux, mais le non-agir permet de déterminer le vrai et le faux. Si la joie suprême est de faire vivre la personne, seul le non-agir conserve l'existence.

Laissez-moi essayer de prendre cette voie. Le non-agir du Ciel est sa pureté, le non-agir de la terre est sa paix. Aussi les deux non-agir se combinent et toutes choses sont transformées et amenées à naître. Mystérieusement, merveilleusement, ils n'ont pas de signe. Chaque chose rappelle ses affaires et tout grandit hors du non-agir. Aussi je dis, le Ciel et la terre n'agissent pas et il n'y a pas à le faire. Parmi les hommes qui peut tenir ce non-agir.

Zhuangzi 18

迎

ÉCLATS MYSTIQUES

ÉCLATS MYSTIQUES

Si le Daodejing *fut écrit pour permettre aux gouvernants d'avoir une conduite correcte, le texte a des accents mystiques. Un bon gouvernant doit être en accord avec le Tao, dans le calme des sens et la contemplation.*

Le Zhuangzi *ne partage pas le même idéal : un sage véritable tourne le dos au gouvernement, préfère être "sans utilité", et s'élève au-dessus du monde commun des hommes. Son idéal d'une "personne véritable" est un mystique qui a pénétré intuitivement la réalité du Tao et goûte une parfaite liberté au-delà de la compréhension normale.*

EN UNISSANT les deux forces vitales
peux-tu éviter de les laisser séparées ?
En te concentrant sur le *qi* et en parvenant à la faiblesse,
peux-tu le rendre impeccable ?
En purifiant ta vision mystérieuse (miroir),
peux-tu devenir comme un enfant ?

En aimant le peuple et en gouvernant le pays,
    peux-tu appliquer le non-agir ?
En ouvrant et en fermant les portes « naturelles »,
    peux-tu le faire sans le féminin ?
En comprenant l'univers,
    peux-tu rester sans connaissance ?

Daodejing 10

ATTEINS le vide complet,
maintiens le plus grand calme.

Daodejing 16

的

QUI GARDE la bouche close
    et ferme ses portes,
Celui-là ne se met pas en peine,
    de toute sa vie.

Qui ouvre sa bouche
    et veut mettre ses affaires en ordre,
Celui-là, de toute sa vie,
    on ne peut lui venir en aide.

Daodejing 52

FAIS USAGE de la lumière.
Retourne à la clarté.
Ne t'expose pas au danger.
C'est cultiver la constance.

Daodejing 52

ÉMOUSSE le tranchant.
Démêle les nœuds.
Harmonise-toi avec la lumière.
Unis-toi au monde de poussière.
C'est la mystérieuse identification.

Daodejing 4

L'ESSENCE de la Voie parfaite [dit Maître Guang à l'Empereur Jaune] est profonde et sombrement ensevelie ; l'extrême de la Voie parfaite est mystérieux et plongé dans le silence. Qu'il n'y ait ni vue ni ouïe ; enveloppez l'esprit dans la quiétude et le corps se redressera de lui-même. Soyez tranquille, pur, ne fatiguez pas votre corps, ne faites pas bouillonner votre essence, alors vous pourrez avoir une longue vie...

Toutes les centaines de créatures qui existent sont nées de la poussière et retourneront à la poussière. Aussi vais-je vous quitter pour franchir la porte de l'inépuisable et errer dans des champs sans limite, pour former une triade avec la lumière du soleil et celle de la lune, participer à l'invariabilité du Ciel et de la terre. Je me confonds à ce qui se tient devant moi. Ce qui est loin de moi, je le laisse dans les ténèbres. Tous les autres hommes peuvent mourir, moi seul survivrai !

Zhuangzi 11

Si le sage est tranquille, ce n'est pas parce qu'il recherche la tranquillité comme un bien, mais parce que les dix mille choses ne peuvent distraire son esprit. L'eau qui est tranquille peut refléter la barbe et les sourcils et sa surface est si unie qu'elle peut servir de niveau au maître charpentier. Si la tranquillité de l'eau permet de refléter les choses, combien plus le pur esprit ! L'esprit du sage, dans sa tranquillité est le miroir du Ciel et de la terre, la vitre des dix mille choses.

Le vide, la tranquillité, la limpidité, le silence, l'inaction sont le niveau du Ciel et de la terre, la substance de la Voie et sa Vertu. Par conséquent l'empereur, le roi, le sage demeurent toujours en repos. Au repos ils peuvent être vides ; vides ils peuvent être pleins ; et la plénitude est l'achèvement.

Dans la tranquillité vous pouvez être un sage, dans l'action un roi.

Zhuangzi 13

复

VOUS N'AVEZ qu'à vous reposer dans l'inaction [dit Grande Dissimulation à Chef Nuage] et les choses se transformeront d'elles-mêmes. Brisez votre forme et votre corps, crachez l'ouïe et la vue. Oubliez que vous êtes une chose parmi les autres choses et vous pourrez vous joindre en grande unité avec le profond et le sans bornes. Détruisez le mental, défaites-vous de l'esprit, soyez sans expression et sans âme, et les dix mille choses une par une retourneront à la racine.

Zhuangzi 11

Dans un dialogue entre Confucius et son disciple, Yan Hui, l'auteur taoïste transforme ironiquement Confucius en un sage taoïste. Après une longue discussion, Confucius conclut que rien ne pourra aider Yan Hui à devenir un bon conseiller du roi si ce n'est le "jeûne du mental", qui va bien au-delà du jeûne ordinaire.

« PUIS-JE DEMANDER ce qu'est le jeûne du mental ? » Confucius dit : « Que ta volonté soit une ! N'écoute pas avec tes oreilles, écoute avec ton mental. Non, n'écoute pas avec ton mental, mais écoute avec ton esprit. L'écoute s'arrête avec les oreilles, le mental s'arrête avec la reconnaissance, mais l'esprit est vide et est au service de toutes choses. La Voie ne récolte que le vide. Le vide est le jeûne du mental. »

Zhuangzi 4

On trouve rarement des expressions concrètes de rapt mystique dans les textes taoïstes. Un exemple dans le Zhuangzi *décrit le processus graduel pour transcender le monde et soi-même. Une femme nommée Bossue explique comment elle essaya de faire un sage de quelqu'un qu'elle reconnaissait avoir le "talent d'un sage". (Le texte est quelque peu paraphrasé.)*

D'ABORD (après trois jours), il put ôter le monde de lui-même ;
Ensuite (après sept jours) il put ôter les choses de lui-même ;
Ensuite (après neuf jours) il put ôter la vie de lui-même ;
Puis il put accomplir la clarté de l'aurore ;
Puis il put voir sa propre solitude ;
Puis il put supprimer le passé et le présent ;
Puis, enfin, il put entrer là où il n'y a ni vie ni mort.

Zhuangzi 6

CROISSANCE SPIRITUELLE

Le thème de la croissance spirituelle est sans doute le plus courant dans les textes taoïstes. C'est par le contrôle des sens, la méditation et la visualisation, des diètes appropriées, des exercices physiques, l'observance de règles éthiques et, dans une moindre mesure, des pratiques alchimiques, qu'un pratiquant taoïste fait de grands efforts pour spiritualiser sa personne et atteindre l'état de longévité ou d'immortalité.

Dans les anciens textes taoïstes, la croissance spirituelle est recommandée à ceux qui désirent devenir de dignes gouvernants du pays. Dans le Zhuangzi, *la croissance spirituelle est son propre but : elle apporte un état de perfection et de joie, de libération de toutes les contraintes.*

Comme on peut l'imaginer, ce thème est relié à plusieurs autres.

La Voie est ce que la bouche ne peut dire
Les yeux ne peuvent la voir
Ni les oreilles l'entendre.
C'est ce par quoi nous cultivons le mental et
alignons le corps.
C'est ce qu'une personne perd et par là meurt,
Ce qu'une personne obtient et par là naît.
Quand les entreprises la perdent, elles échouent ;
Quand elles l'obtiennent, elles réussissent...

La myriade de choses est née par elle
et par elle se développe.
Nous la nommons “Voie”.

Guanzi, “Neiye”

EN CONCENTRANT votre énergie vitale comme si elle était numineuse,
la myriade des choses sera contenue en vous.
Pouvez-vous vous concentrer ? Pouvez-vous unifier [votre conscience] ?
Pouvez-vous connaître la bonne fortune et la mauvaise sans avoir recours à la divination ?

Pouvez-vous vous arrêter ? Pouvez-vous faire halte ?
Pouvez-vous la chercher à l’extérieur mais l’atteindre à l’intérieur ?...
Vous pensez, et pourtant vous ne pouvez encore la pénétrer.
Le démonique et le numineux en vous la pénétreront.
Quand les quatre membres sont correctement ajustés et que le sang et l’énergie vitale sont tranquilles,
Unifiez votre conscience, concentrez votre mental,
les yeux et les oreilles ne seront pas stimulés à l’excès.

Guanzi “Neiye”

On dit que le Ciel est vide
Et que la terre est tranquille.
Aussi ne renoncent-ils pas.
Nettoyez sa demeure.
Ouvrez ses portes,
Abandonnez l'égoïsme,
Évitez de parler.
Alors la lumière numineuse sera comme si elle était présente.
Quand on est dans la confusion (le mental) semble chaotique.
Calmez-le et il deviendra naturellement ordonné.

Guanzi, "Xinshu"

LA JOIE ET LA COLÈRE sont des aberrations de la Voie.
Le souci et la tristesse sont des défaillances du pouvoir intérieur.
Goûts et dégoûts sont des excès du mental.
Les envies et les désirs sont les entraves de sa propre nature.
Dans l'être humain :
Une grande colère nuit au yin.
Une grande joie réduit le yang.
Une faible énergie vitale cause la stupidité.
Le choc et la peur conduisent à la folie.
Quand le souci, la tristesse et la fureur abondent,
La maladie se développe.
Quand les goûts et les dégoûts abondent,
Les infortunes se succèdent ;
Ainsi
Quand le mental ne fait pas de souci ni se réjouit,
C'est la perfection du pouvoir intérieur.
Quand cela est absorbé et n'altère pas,
C'est la perfection de la tranquillité.
Quand les envies et les désirs n'abondent pas,
C'est la perfection du vide.
Quand il n'y a ni goût ni dégoût,
C'est la perfection de la sérénité.

Quand il n'y a pas de confusion due aux choses
extérieures,
C'est la perfection de la pureté.
Ceux qui sont capables de pratiquer ces cinq choses seront
absorbés dans la lumière numineuse. Ceux qui sont
absorbés dans la lumière numineuse sont ceux qui
actualisent ce qui est en eux.

Guanzi, "Xinshu"

LE CALME ET la quiétude, la placidité et la tranquillité
Sont les moyens par lesquels nous nourrissons notre
nature.
L'harmonie et la sérénité, le vide et le néant,
Quand l'extérieur n'embrouille pas l'intérieur,
Sont les moyens par lesquels nous nourrissons le pouvoir
intérieur.
Alors notre nature atteindra ce qui lui convient.
Quand notre nature ne s'écarte pas de cette harmonie,
Le pouvoir intérieur assure sa position.
Nourrir la nature et par là endurer sa génération,
Embrasser le pouvoir intérieur et par là passer ses années,
Peut être appelé "être capable d'incorporer la
Voie".

Guanzi, "Xinshu"

Les maîtres taoïstes, du Guanzi *au* Daodejing *et au* Zhuangzi *insistent souvent sur la nécessité de contrôler les sens, ses passions et ses émotions. Le manque de contrôle est désastreux pour la croissance spirituelle.*

QUAND LA poitrine et le ventre sont remplis
Et que les envies et les désirs sont éliminés,
Alors les oreilles et les yeux sont clairs,
L'ouïe et la vue sont pénétrantes.
Quand les oreilles et les yeux sont clairs
Et que l'ouïe et la vue sont pénétrantes,
Nous appelons cela "illumination".

Guanzi , "Xinshu"

MAINTENANT les ouvertures des sens,
L'énergie vitale et l'attention
Sont les portails de l'essence numineuse ;
L'énergie vitale et l'attention
Sont les serviteurs des Cinq Viscères [les organes internes].
Quand les yeux et les oreilles
Sont attirés par les plaisirs du son et de la couleur,
Alors les Cinq Viscères oscillent et nous ne sommes pas stables.
Quand les Cinq Viscères oscillent et ne sont pas stables,

Alors le sang et l'énergie vitale sont agités et perdent le
repos.
Quand le sang et l'énergie vitale sont agités et perdent le
repos,
Alors l'essence numineuse coule à flots [par les yeux et les
oreilles]
et n'est pas préservée...
Mais si :
Vos oreilles et vos yeux sont totalement clairs et
profondément pénétrants,
Que vous ne les laissez pas attirés par les choses
extérieures,
Et que votre énergie vitale et votre attention sont vides,
tranquilles, calmes et sereines,
Et que vous éliminez vos envies et vos désirs,
Vos Cinq Viscères sont stables, reposés, remplis,
Et vous ne laissez pas leurs énergies vitales s'échapper ;
Votre essence numineuse reste dans votre corps
Et vous ne la laissez pas s'échapper :
Alors vous serez capable de regarder avant les générations
passées
Et de voir au-delà des futurs événements.

Guanzi, "Xinshu"

Le danger de perdre le contrôle de ses sens est indiqué d'une façon similaire dans un passage du Guanzi *et dans un chapitre du* Doadejing. *Ce qui suggère une possible influence du premier sur le second.*

Les cinq couleurs perturbent les yeux
Et font qu'ils manquent de clarté ;
Les cinq sons embrouillent les oreilles
Et les empêchent d'avoir l'ouïe fine ;
Les cinq saveurs perturbent la bouche
Et font qu'elle perd la capacité de goûter ;
Les préférences embrouillent le mental
Et le font voler [d'une chose à une autre]...
Ainsi il est dit :
Les envies et les désirs
Dissipent l'énergie vitale d'une personne.
Et les goûts comme les aversions
invectivent le mental d'une personne.

Guanzi, "Xinshu"

CEUX QUE nous appelons les Sincères sont des gens
dont la nature
est unie à la Voie.
Ils la possèdent mais paraissent n'avoir rien.
Ils sont emplis par elle mais paraissent être vides.
Ils se reposent dans cette unité
Et ne connaissent pas la dualité.
Ils se concentrent sur ce qui est interne
Et ne font pas attention à ce qui est externe.
Ils illuminent la grande simplicité
Et, sans agir, reviennent à l'inconnu.
Ils incarnent la fondation et embrassent le
noumène.
Et ainsi parcourent librement l'agitation du Ciel et
de la terre.
Non entravés,
Ils se promènent hors de ce monde de poussière
Et errent parmi l'activité sans effort.
Sans entrave et sans obstacle,
Ils n'entretiennent aucune astuce artificielle en leur
mental...
Ils arrivent abruptement ;
Ils s'en vont soudainement.
La forme comme du bois desséché,

Le mental comme des cendres,
Ils oublient leurs Cinq Viscères,
Ils expulsent leur charpente physique,
Connaissent sans étudier,
Voient sans regarder.
Ils achèvent sans agir
Et ils discernent sans ordonner...
Vastes et vides, ils sont tranquilles et sans soucis...
Ils se reposent dans le territoire du vaste
Et parcourent le pays illimité...
Leur essence numineuse est capable d'ascendre la
    Voie.
C'est le parcours des Sincères.

Guanzi , "Xinshu"

Il est curieux que de nombreux éléments du texte précédent trouvent leur écho dans le Zhuangzi *et le* Daodejing. *Parmi ces parallèles, des références à la "grande simplicité" (su) et au "non taillé" (pu), au bois desséché et aux cendres. "Parcourir le pays illimité" est l'un des thèmes favoris de Zhuangzi, exprimant son ultime liberté dans l'envol mystique.*

ZIQI ÉTAIT assis, penché sur son accoudoir, fixant le ciel et respirant – inoccupé et lointain... Yan, qui se tenait à ses côtés à son service, dit : « Qu'est-ce que cela ? Pouvez-vous réellement rendre le corps comme un arbre desséché et le mental comme des cendres éteintes ? L'homme penché maintenant sur l'accoudoir n'est pas celui qui s'y penchait auparavant. »

Zhuangzi 2

Les expressions "bois desséché" et "cendres éteintes" sont comprises comme des indications d'un état de rapt ou de transe mystique. Elles ont beaucoup d'affinité avec une autre expression courante "s'asseoir et oublier", décrivant un état de profonde méditation. Ironiquement, c'est l'un des disciples de Confucius, Yan Hui, qui rapporte son expérience. À deux reprises il dit à son maître qu'il se perfectionnait mais Confucius répondit qu'il n'avait rien obtenu.

UN AUTRE JOUR, les deux se rencontrèrent encore et Yan Hui dit : « Je me perfectionne.

– Que veux-tu dire par là ?

– Je peux m'asseoir et oublier tout ! »

Confucius paru très surpris et dit : « Que veux-tu dire par s'asseoir et oublier tout ? »

Yan Hui dit : « Je bouleverse mes membres et mon corps, je chasse les perceptions et l'intellect, je me libère de la forme, je supprime la compréhension et me rend identique à la Grande Rue. C'est ce que je veux dire par s'asseoir et oublier tout. »

Zhuangzi 6

MÉDITATION

Plusieurs des textes précédents ont clairement fait allusion à des techniques de méditation. Dans bien des écoles de pratique taoïste, comme dans le bouddhisme (et peut-être sous l'influence bouddhiste), de nombreuses techniques de méditation ont été développées à travers les âges. Les méthodes les plus sophistiquées ont sans doute été produites par l'École Shangqing (Haute Pureté) : l'une d'entre elles concerne la concentration et la visualisation des "déités internes", dont l'assistance est nécessaire pour avoir le nom de l'adepte transféré sur le registre de vie.

L'un des textes les plus significatifs fut composé par Tang, maître Sima Chengzhen (647-735) : Discours sur l'Assise et l'Oubli (Zuowanglun), *un outil pratique et pédagogique sur la technique de la méditation. Voici un bref synopsis du processus de méditation en sept étapes :*

- RESPECT ET FOI soulignent un état d'esprit requis au commencement : confiance dans la méthode, libération du doute.
- INTERCEPTION DU KARMA explique le besoin de se retirer de la vie ordinaire et de se débarrasser de toute affaire. Au moins temporairement, le mental doit se libérer de toutes les affaires mondaines.
- TRANSFORMER LE MENTAL implique l'urgente nécessité d'apaiser le mental et d'atteindre un état de "concentration aveugle". Seulement

alors le mental peut être dirigé vers son but, en analogie avec les bœufs et les chevaux apprivoisés et utilisés par les hommes.

- LE DÉTACHEMENT DES AFFAIRES implique la séparation d'avec la société et le total détachement des réussites mondaines.
- L'OBSERVATION VÉRITABLE (*zhenguan*) introduit la première étape de la méditation, mais plutôt que de visualiser les dieux intérieurs (*guan*), elle implique la concentration sur sa propre situation.
- LA CONCENTRATION ATTENTIVE conduit l'adepte au « premier pied dans le Tao », ce qui signifie une « parfaite sérénité à l'intérieur et une “lumière céleste” rayonnant à l'extérieur ». C'est comme la tranquillité et la sagesse.
- LA RÉALISATION DU TAO explique comment le mental est progressivement vidé et uni à la réalité du Tao.

Résumé d'après Kohn, 1987 a, 35-38

会

"L'Assise dans l'Oubli" (zuowang) *est aussi examinée dans le Tang Maître Sima Chengzhen du* Tianyinzi :

L'HARMONIE croissante de ses fonctions corporelles avec le Tao conduit finalement à une complète dissolution de tout sentiment individuel et séparé de soi-même. On "s'oublie". Le *Zhuangzi* décrit déjà cet état : « Je détruis mes membres et mon corps [etc.]. »

Guo Xiang ajoute : « ... à l'intérieur, on n'a pas conscience de son corps personnel, à l'extérieur, on ne sait jamais qu'il y a un univers. » L'état en question est un état de transe. « Le corps est comme du bois pourri, le mental est comme des cendres. Il n'y a plus d'impulsion, plus de recherche, on a atteint la parfaite sérénité contemplative. »

Tianyinzi

生

LES VOIES VERS L'IMMORTALITÉ

Alors que les maîtres taoïstes Laozi et Zhuangzi ne spéculent pas sur la vie après la mort ni ne prônent l'immortalité du corps et du mental, la religion taoïste, au moins dans ses cercles monastiques, développa des méthodes pour devenir un "Immortel". Cela implique de rigoureuses pratiques de méditation, le jeûne et des exercices physiques qui font aussi appel aux drogues (plante d'immortalité, élixirs de vie, etc.) et à des techniques appelées "alchimie interne" qui ont pour but la purification de l'esprit et de l'énergie.

LE CORPS est l'habitat de l'esprit et de l'énergie. Aussi longtemps que l'esprit et l'énergie sont là, le corps est fort et en bonne santé. Dès que l'esprit et l'énergie se dispersent, le corps meurt. Par conséquent, si vous voulez préserver votre intégrité, tout d'abord calmez l'esprit et l'énergie.

Comprenez : l'énergie est la mère de l'esprit ; l'esprit est le fils de l'énergie. C'est seulement quand l'énergie et l'esprit sont ensemble que vous pouvez vivre longtemps et ne pas mourir.

Si donc vous désirez calmer l'esprit, tout d'abord affinez l'énergie primordiale. Quand cette énergie réside dans le corps, l'esprit est calme et l'énergie est comme un océan. Avec l'océan de l'énergie prêt à déborder, le mental est calme et l'esprit stable. Quand cette stabilité n'est pas dispersée, le corps et le mental sont unis dans la tranquillité.

Celle-ci mène alors à la concentration et le corps continue d'exister pendant des années, pour l'éternité.

Simplement restez tout le temps avec la profonde source du Tao et vous deviendrez naturellement un sage. Ainsi l'énergie se répand dans l'esprit et toutes les projections mentales ; l'esprit se répand dans toute idée et dans la destinée. Une fois la destinée établie et le corps préservé, vous pouvez unir les deux avec votre véritable nature intérieure. Alors vous atteindrez un âge aussi ancien que le soleil et la lune ! Votre Tao est parfait !

Extrait de *Visualization of Spirit and Refinement of Energy* ;
Kohn, 1993, 320-321

TOUS LES GENS, dès la naissance, sont dotés de l'énergie du vide. À l'origine, leur essence et leur illumination sont d'une conscience pénétrante, l'étude n'a pas d'obstacle et l'esprit est pur. Placez cet esprit à l'intérieur et laissez-le briller à l'extérieur ! Vous deviendrez naturellement différent des gens ordinaires. Vous serez un esprit immortel ! Pourtant, même en étant un esprit immortel, vous êtes encore humain.

Pour accomplir l'immortalité spirituelle, vous devez cultiver l'énergie du vide. Ne laissez jamais le monde commun la profaner.

Trouvez l'immortalité spirituelle en suivant spontanément votre nature. Ne laissez jamais de faux points de vue encombrer votre voie.

La joie, la colère, la tristesse, la gaieté, l'amour, la haine et les désirs sont les sept perversions des émotions. Le souffle, l'humide, le froid, le chaud, la faim, la satiété, le travail et l'oisiveté sont les huit perfections de l'énergie. Délivrez-vous d'eux ! Établissez l'immortalité !

Extrait de *The Master of Heavenly Seclusion*, Kohn, 1993, 81

Le progrès sur la voie de l'immortalité est graduel : il n'y a pas d'illumination soudaine. Il y a cinq passages progressifs vers la réalisation du Tao. On peut espérer atteindre l'immortalité spirituelle à la fin des cinq étapes.

La première est le jeûne et l'abstention.
La deuxième est la solitude.
La troisième est la visualisation et l'imagination.
La quatrième est l'assise dans l'oubli.
La cinquième est la libération de l'esprit.

Que signifient le jeûne et l'abstention ? C'est
purifier le corps et vider le mental.
Que signifie la solitude ? C'est se retirer profondément dans la pièce de méditation.
Que signifient la visualisation et l'imagination ?
C'est apprivoiser le mental et recouvrer la nature originelle.
Que signifie l'assise dans l'oubli ? C'est laisser aller
le corps personnel et s'oublier complètement.
Que signifie la libération de l'esprit ? C'est
l'étendue de l'esprit dans toute existence.

Extrait de *The Master of Heavenly Seclusion*,
Kohn, 1993, 82

喜

QUITTER LE MONDE ne signifie pas que le corps s'en va. Cela se rapporte plutôt au mental. Le corps est comme la racine de lotus ; le mental est comme la fleur de lotus. La racine est dans la boue tandis que la fleur est à l'air.

Quand vous réalisez le Tao, votre corps est dans la sphère de l'ordinaire mais votre mental est dans le domaine des sages. De nos jours, les gens veulent éviter pour toujours la mort et en même temps quitter le monde ordinaire. Ils sont vraiment insensés et n'ont pas saisi le vrai principe du Tao.

Wang Chongyang, *Fifteen Articles on Establishing the Teaching* (12e siècle), Kohn, 1993, 92

PRINCIPES MORAUX TAOÏSTES

CONSEILS MORAUX

En tant que voie spirituelle, le Taoïsme a ses propres idéaux et prescriptions éthiques. Ils suivent directement la nature du Tao et doivent être pratiqués spontanément, sans contrainte. Certains textes taoïstes, en particulier des passages du Zhuangzi *et du* Daodejing, *critiquent le code confucéen de l'éthique, comme artificiellement et extérieurement imposé aux gens, détruisant leur bonté originelle ou innée. Quand la société commence à prêcher la moralité, cela signifie que celle-ci est déjà perdue.*

Dans ce qui va suivre, les deux faces de la moralité taoïste sont illustrées : les idéaux positifs puis la critique de la moralité corrompue. Parmi les vertus taoïstes positives sont mentionnées la modestie (l'humilité), la frugalité, le contentement, la compassion.

QUI VEUT paraître ne rayonne pas.
Qui s'affirme n'est pas reconnu.
Qui fait l'intéressant n'a pas de crédit.
Qui se vante est incapable.

Daodejing 24

Qui connaît les autres est habile ;
  qui se connaît soi-même est brillant.
Qui triomphe des autres a de la force physique,
  qui triomphe de soi-même est fort.
Qui sait avoir assez est riche,
  qui agit avec force a de la détermination.
Qui ne perd pas sa place dure longtemps,
  qui meurt sans être oublié a la longévité.

Daodejing 33

La dignité est basée sur la modestie.
Le haut rang est enraciné dans l'humilité.

Daodejing 39

L'amour excessif entraîne un grand gaspillage.
Emmagasiner trop entraîne certainement de lourdes
  pertes.
Connaître assez n'est pas disgrâce.
Savoir quand s'arrêter évite le danger.
L'on est ainsi capable de durer.

Daodejing 44

QUICONQUE désire être grand
fait bien de s'abaisser.

Daodejing 61

J'AI TROIS trésors que je détiens et protège.
Le premier est l'amour compatissant ;
Le deuxième est l'économie ;
Le troisième est le refus de me mettre en avant dans
le monde.
Avec l'amour compatissant on peut être courageux ;
Avec l'économie on peut être généreux ;
En refusant de se mettre en avant,
on peut prendre la tête des hommes de talent.

Daodejing 67

DANS UNE époque de Parfaite Vertu, les méritants ne sont pas honorés, les talentueux ne sont pas employés. Les gouvernants sont comme les hautes branches d'un arbre, le peuple comme le cerf des champs. Ils font ce qui est juste mais ne savent pas que c'est la rectitude. Ils s'aiment les uns les autres mais ne savent pas que c'est de la bienveillance. Ils sont sincères mais ne savent pas que c'est de la loyauté. Ils sont dignes de confiance mais ne savent pas que c'est la bonne foi. Ils se tortillent comme des insectes, accomplissant des services l'un pour l'autre, mais ne savent pas qu'ils sont bons. Par conséquent ils se meuvent sans laisser de trace derrière eux et sans laisser de souvenirs de leurs actions.

Zhuangzi 12

LES GENS ont leur constante nature innée. Afin de tisser leurs vêtements, afin de labourer pour leur nourriture – C'est la Vertu qu'ils partagent...

Dans un temps de Parfaite Vertu, la démarche des hommes est lente et tranquille ; leur regard est franc et doux. À une telle époque, les montagnes n'ont ni chemins ni pistes, les lacs ni bateaux ni ponts...

Dans cette époque de Parfaite Vertu les hommes vivent comme les oiseaux et les bêtes, se regroupent côte à côte avec les dix mille choses. Qui alors connaît quelque chose au sujet du "gentilhomme" ou de l'"homme insignifiant" ? Faibles et involontaires, les hommes n'ont pas de sagesse ; ainsi leur vertu ne les quitte pas... Dans la simplicité sans partage les gens atteignent leur vraie nature.

Zhuangzi 9

Cette simple bonté spontanée de la nature humaine fut gâtée par les prêches moraux des "sages" confucéens ; ils dirent au peuple de faire ce qu'il faisait déjà naturellement, causant ainsi des doutes et des divisions.

Si la Voie et sa Vertu n'avaient pas été abandonnées, comment pourrait-il y avoir quelque appel en faveur de la bienveillance et de la droiture ?...

Que la Voie et sa Vertu aient été détruites dans le but de créer la bienveillance et la droiture – cela fut la faute du sage.

Ensuite, pour la première fois, le peuple étudia... pour convoiter la connaissance, se battre à mort pour le profit, et rien pour l'arrêter. Cela à la fin fut la faute du sage.

Zhuangzi 9

Ce n'est pas pour la réputation que vous faites le bien, mais la réputation s'ensuit. Vous attendez la réputation sans avantage, mais l'avantage vient. Vous attendez l'avantage sans contestation, mais la contestation arrive. Par conséquent un gentilhomme doit être prudent quand il fait le bien.

Liezi 8

LA FAIBLESSE EST FORCE

Que la faiblesse puisse être transformée en force est l'un des paradoxes du Taoïsme. Le Tao, l'Ultime Puissance, œuvre dans la faiblesse. Par conséquent, la faiblesse, la douceur, la flexibilité et la soumission sont les sources de la force intérieure et de la vitalité, tandis que la force brute conduit souvent à la défaite. La faiblesse est un autre aspect du wuwei.

La méthode du Tao est la faiblesse.

Daodejing 36

Ce qui est flexible et faible
vainc ce qui est dur et fort.

Daodejing 36

RIEN SOUS le ciel n'est plus doux et flexible que l'eau,
mais pour attaquer le dur et le rigide, rien n'est plus efficace.

Que le flexible surpasse la rigidité, que le doux surpasse la dureté,
personne sous le ciel ne l'ignore,
mais personne ne peut le mettre en pratique.

Daodejing 78

QUAND ELLE est en vie, une personne est tendre et flexible.
Quand elle est morte, elle est dure et rigide.
Quand ils sont vivants, tous les êtres et les plantes sont tendres et souples,
Quand ils sont morts, ils sont secs et fanés.
En fait le dur et le rigide sont les compagnons de la mort.
Le tendre et le flexible sont les compagnons de la vie.
Par conséquent, si une armée est rigide elle ne pourra obtenir la victoire.
Si un arbre est rigide, il périra.
Être rigide et grand est inférieur,
être tendre et flexible est supérieur.

Daodejing 76

SOYEZ FLEXIBLE et vous resterez entier,
Incurvez-vous et vous serez redressé...
En fait, “soyez flexible et vous resterez entier”
  est-elle une parole vaine ?
Celui qui vraiment “reste entier” atteint sa destinée.

Daodejing 22

DANS LE MONDE, il y a une Voie par laquelle on conquiert toujours et il y a une voie par laquelle on ne conquiert jamais. La première est appelée Faiblesse, la seconde est appelée Force. Les deux sont faciles à reconnaître, et pourtant les hommes ne les reconnaissent pas. D’où la sentence des hommes des temps anciens : « Les puissants surpassent ceux qui sont plus faibles qu’eux-mêmes, les faibles surpassent ceux qui sont plus puissants qu’eux-mêmes. »

L’homme qui surpasse des hommes plus faibles que lui est en danger quand il rencontre quelqu’un d’aussi fort que lui, mais l’homme qui surpasse des hommes plus forts que lui n’est jamais en danger.

Liezi 2

SI VOTRE but est d’être dur, vous devez le garder en
étant doux.
Si votre but est d’être fort, vous devez le maintenir
en étant faible.
Ce qui commence en étant doux et poursuit doit
devenir dur.
Ce qui commence en étant faible et poursuit doit
devenir fort.
Regardez-les poursuivre et vous saurez d’où vient la
bénédiction et le désastre.
Les puissants vainquent ceux qui sont plus faibles
qu’eux-mêmes,
et quand ils rencontrent un égal n’ont pas
l’avantage.
Les faibles vainquent ceux qui sont plus puissants
qu’eux-mêmes,
leur force est incommensurable.

Liezi 2

LE NATUREL

L'un des principes fondamentaux de la philosophie taoïste est le naturel, ou la spontanéité. C'est le modèle d'action créé par le Tao et imité par les dix mille choses. Il se rapporte au thème déjà entrevu du "céleste et de l'humain". Le Liezi *comme le* Zhuangzi *rapportent des récits pour illustrer ce principe.*

CONFUCIUS admirait la cataracte de Lüliang dont la chute mesurait trente toises et dont l'écume s'étendait sur quarante *li*. Là aucun poisson ni créature d'eau ne pouvait nager. Soudain Confucius vit un homme qui s'ébattait dans l'eau. Le prenant pour un désespéré, il donna l'ordre à ses disciples de suivre la berge et de le retirer de l'eau. Quelques centaines de pas plus bas, l'homme sortit de l'eau par ses propres moyens. Les cheveux épars et tout en chantant, il se promena au bas du talus. Confucius l'ayant rejoint lui dit : « J'ai failli vous prendre pour un esprit mais je vois que vous êtes un homme. Permettez-moi de vous demander quelle est votre méthode pour pouvoir nager si aisément dans l'eau.

– Je n'ai pas de méthode spéciale, répondit l'homme. J'ai commencé par accoutumance ; puis cela est devenu comme une nature, puis comme mon destin. Je descends avec les tourbillons et remonte avec les remous. J'obéis au mouvement de l'eau, non à ma propre volonté. C'est ainsi que j'arrive à nager si aisément dans l'eau.

– Que voulez-vous dire, demanda Confucius, par les phrases : j'ai commencé par accoutumance ; puis cela est devenu comme une nature, puis comme mon destin ?

– Je suis né dans ces collines et j'ai vécu à l'aise ; c'est l'accoutumance ; j'ai grandi dans l'eau et je m'y trouve à l'aise, c'est la nature ; je nage ainsi sans savoir comment, c'est le destin. »

Zhuangzi 19

节

Quand Confucius se rendit dans le pays de Chu, il traversa une forêt dans laquelle il vit un bossu qui attrapait des cigales au bout d'une perche aussi sûrement qu'il les aurait ramassées à la main.

« Vous êtes vraiment habile, lui dit Confucius. Avez-vous une méthode ?

– J'ai la méthode que voici, répondit le bossu. Pendant cinq ou six mois je m'exerce à maintenir l'une sur l'autre des boules sur la perche et quand je suis arrivé à en maintenir deux, je manque encore quelques cigales. Quand je suis arrivé à en maintenir trois, je n'en manque plus qu'une sur dix. Quand je suis arrivé à cinq, j'attrape les cigales comme si je les ramassais. Alors je maintiens mon corps immobile comme un tronçon d'arbre plongé dans le sol. Je tiens mon bras inerte comme une branche d'arbre desséchée. Au milieu de l'immensité de l'univers et de la multiplicité des choses, je ne connais plus que les cigales, je ne me retourne ni ne me penche. Je n'échangerais pas les ailes d'une cigale contre tous les êtres du monde – comment ne les attraperais-je pas ? »

Zhuangzi 19

L'OPPORTUNITÉ EN ACTION

Comme le Daodejing *l'énonce au chapitre 8, l'opportunité, ou le choix du temps juste, est le mode correct d'action.* Le Liezi *a rapporté un récit de deux familles opposées dans lesquelles le principe d'opportunité est clairement manifeste.*

On peut le résumer ainsi : M. Shi avait deux fils talentueux, l'un aimait l'étude et l'autre aimait la guerre. Ils allèrent offrir leurs services à la cour de deux États et furent bien reçus par les rois : l'un fut nommé précepteur des fils, l'autre comme stratège en charge de l'armée. Les deux reçurent des honneurs et de hauts salaires.

Leur voisin, M. Meng, avait également deux fils talentueux, éduqués dans les mêmes professions. Quand ils offrirent leurs services aux gouvernants des autres États, ils furent reçus avec méfiance : l'un fut castré et renvoyé chez lui, l'autre eut les pieds coupés pour qu'il ne serve pas un autre roi.

M. Meng, grandement déprimé, alla se plaindre à son voisin, M. Shi, qui lui dit :

> SAISIS le moment juste et sois prospère,
> Manque le moment juste et péris.

Votre voie était la même que la nôtre et pourtant vous avez échoué là où nous avons réussi – non parce que vous avez fait les mauvaises choses, mais parce que vous avez choisi le mauvais moment pour les faire. En tout cas, il n'y a pas un principe qui est juste en toute circonstance ou une action qui est mauvaise en toute circonstance. Ce qui fut hier en usage est peut-être rejeté aujourd'hui. Ce qu'on rejette aujourd'hui sera peut-être en usage plus tard. L'usage et le non-usage ne suivent pas de règle fixe.

Liezi 8

先

CONSEILS DE SANTÉ

Voici des extraits de célèbres maîtres taoïstes, la plupart ayant vécu sous la dynastie Tang (618-906) et sous la dynastie Song (960-1279). Ils donnent des conseils sur l'hygiène physique sans la séparer de la discipline mentale. Le but de l'hygiène et de la diète est finalement de purifier le corps, le mental et l'esprit afin d'atteindre l'unité avec le Tao et, pour ceux qui y aspirent, d'atteindre la longévité.

LE CORPS doit faire souvent de l'exercice. La nourriture ne doit pas être prise en excès. Ne vous surmenez pas. Pendant l'enfance, on doit avoir assez de nourriture. Évitez la graisse et les mets sucrés, mangez les mets doux et acides avec modération. Évitez trop de soucis, n'allez pas à l'extrême dans la gaieté et la colère. Évitez la chasse et la course. Soyez modérés dans l'activité sexuelle.

TAO HONGJING (456-536), *Yangsheng Yanminlu*

AFIN DE GARDER son corps en bonne santé, on doit certainement comprendre comment éviter ces extrêmes : la grande colère, de forts désirs et l'abus de boisson et d'intoxication.
Si l'un de ces trois maux apparaît, on doit éviter de nuire aux souffles (énergies) originels dans son corps.

SUN SIMIAO (581-682), *Weisheng ge*

DURANT son temps de vie, on ne doit pas permettre au profit et aux désirs de perturber ses pensées ; on ne doit pas abuser de la nourriture et nuire ainsi à son corps physique. Avec un mental pacifié, dans la simplicité et la quiétude, permettez à la balance interne et à l'harmonie de se développer spontanément. Ainsi, votre propre essence séminale et spirituelle reste fermement établie dans votre corps physique ; le *qi* (souffle, énergie) originel préserve l'essence ; le mental reste en harmonie avec le *qi* originel ; vos pensées font que le mental reste calme ; la quiétude rend les pensées paisibles et fixées.

Quand tout cela est accompli, on ne s'efforce pas consciemment de prolonger sa vie, et pourtant son propre temps de vie est spontanément prolongé.

DU GUANTING (850-933), *Daodezhenjing guang shengyi*, 36

SI LE MENTAL interne n'a ni pensées ni désirs, l'esprit se rassemble et n'est pas éparpillé. C'est la voie pour préserver et nourrir la vie. C'est seulement quand le ventre a suffisamment de nourriture que l'essence séminale est entière. C'est seulement alors que l'on peut atteindre la longévité.

LI LIN (Dynastie Song), *Daodezhenjing gushanji*

ON DOIT savoir que les plus grands ermites vivent dans la cité. Ne recherchez pas ceux qui, au profond des montagnes et des forêts, vivent une existence solitaire et isolée dans le renoncement. Les grands ermites vivent dans les cités et surpassent ceux qui vivent une existence de solitude.

ZHANG BODUAN (984-1082), *Wuzhenpian*

学

On travaille la terre pour se nourrir, on élève des vers à soie pour se vêtir. Quand il y a suffisamment de nourriture et de vêtements, toute richesse sous le ciel devient superflue. C'est comme quand on a soif et que l'on boit au fleuve ; une fois que l'on a assez bu, on n'admire plus le grand courant.

Ji Kang (Période des Trois Royaumes),
Da xiangzi qinan yangshenglun

喜

LE MENTAL

Le mental est un outil formidable qui ne doit pas être troublé.

CUI ZHU demanda à Lao Dan [Laozi] : « Si vous ne gouvernez pas le monde, comment pouvez-vous améliorer le mental des hommes ? »

Lao Dan répondit : « Gardez-vous de troubler leur mental. Il est ainsi fait que toute pression l'opprime et que toute incitation l'exalte. Opprimé, il devient prisonnier, exalté, il devient féroce. La souplesse et la faiblesse l'emportent sur la dureté et la force. Qui cherche la pureté exclusive s'échauffe comme le feu et se refroidit comme la glace. La pensée de l'homme est si rapide que le temps d'incliner et de relever la tête, elle est allée au fond des quatre mers et en est revenue. Au repos, elle gît comme un gouffre paisible. Quand elle se meut, elle se suspend à la voûte céleste. Fier et indomptable est le mental de l'homme. »

Zhuangzi 11

Le mental de l'homme est plus périlleux que les montagnes et les fleuves, plus difficile à comprendre que le Ciel. Au moins le Ciel a-t-il des périodes fixées comme le printemps et l'automne, l'hiver et l'été, l'aurore et le crépuscule. Mais l'homme a la peau fine et cache profondément sa forme véritable.

Zhuangzi 32

LANGAGE, RÊVES ET UTOPIES

L'USAGE DE L'INUTILE

Un thème taoïste paradoxal, que l'on trouve en particulier dans le Zhuangzi, *est l'usage de l'inutile. Les arbres dont le bois est sans valeur, ou qui ne produisent aucun fruit, ont le plus de chance de vivre vieux : personne viendra les inquiéter ou les abattre. Si l'on applique cela aux êtres humains, il est préférable d'être inutile (dans un sens politique) que d'être talentueux. Sinon l'on viserait une charge gouvernementale avec tous ses dangers potentiels et ses incertitudes.*

ZHUANGZI marchait dans les montagnes quand il vit un arbre énorme aux longues branches et au feuillage luxuriant. Un bûcheron qui coupait du bois près de là ne touchait pas à cet arbre. Quand Zhuangzi lui en demanda la raison, le bûcheron répondit : « Il n'a rien qui puisse être utilisé ! » Zhuangzi dit : « Grâce à son inutilité, cet arbre pourra vivre les années que le Ciel lui a accordées. »

Zhuangzi 20

DANS LA RÉGION de Song poussent des catalpas, des cyprès et des mûriers. Les arbres que deux mains peuvent enserrer sont abattus pour en faire des pieux destinés aux singes ; ceux qui ont trois ou quatre empans sont abattus pour les toits et ceux qui ont sept ou huit empans sont abattus pour des nobles ou de riches marchands qui veulent des cercueils. Ainsi ils n'obtiennent jamais de vivre les années que le Ciel leur avait données, ils sont abattus à la mi-journée par des haches. C'est le danger d'être utile.

Zhuangzi 4

HUIZI DIT à Zhuangzi : « J'ai un grand arbre de l'espèce que les hommes appellent *shu*. Son tronc bosselé ne peut être coupé selon le cordeau et l'équerre. Il s'élève au bord de la route mais aucun charpentier ne lui accorde un regard. Ainsi vos paroles sont vastes et inutiles, et tout le monde s'accorde à les rejeter ! »

Zhuangzi dit : « N'avez-vous jamais vu un chat sauvage ou une belette ? Elle se tapit pour guetter sa proie, elle saute à l'est et à l'ouest, de haut en bas. Mais un jour elle finit par être prise dans une trappe ou par mourir dans un filet...

« Maintenant vous avez un grand arbre et vous vous souciez de son inutilité. Pourquoi ne le plantez-vous pas dans le pays du néant et de l'infini ? Tout le monde pourra se promener à loisir sous son ombrage et s'y coucher à son aise. Il ne subira ni les coups de la hache ni l'attaque des autres êtres. Ainsi comment son inutilité peut-elle vous inspirer du souci ? »

Zhuangzi 1

Huizi dit à Zhuangzi : « Vos paroles sont inutiles ! » Zhuangzi répondit : « Il faut savoir ce qui est inutile pour connaître ce qui est utile. Bien que la terre soit immense, ce qui est utile à l'homme, c'est un endroit où poser ses pieds. Supposons que devant ses pieds s'ouvre un abîme, la terre lui serait-elle encore utile ?

– Non, elle serait inutile, dit Huizi

– Alors, dit Zhuangzi, il est clair que l'inutile est utile. »

Zhuangzi 26

Quand on est en piètre forme physique, on prend soin de soi. Quand on est sans talent ou que l'on a une "vertu handicapée", on évite le service du gouvernement et l'on peut avoir une longue vie !

VOICI LE Shu handicapé : le menton dans le nombril, les épaules plus hautes que le crâne, les vertèbres ramassées pointant vers le ciel, les cinq viscères en haut de son corps, ses fesses au niveau de ses côtes. Il maniait l'aiguille, lavait ses vêtements et pouvait ainsi subvenir à sa subsistance. Il ramassait des grains au fond des caisses, ce qui lui permettait de nourrir dix personnes. Lorsqu'un ordre de mobilisation fut donné par le gouvernement, cet homme difforme croisa ses bras en se promenant ouvertement parmi la foule. Lorsqu'un appel pour de grandes corvées fut lancé, il fut exempté de service pour son infirmité. Quand le gouvernement porta secours aux malades, il reçut trois grandes mesures de grain et dix fagots de bois. Si un homme qui a une difformité physique peut se nourrir et atteindre la limite naturelle de son existence, à plus forte raison celui qui donne une apparence difforme de la vertu !

Zhuangzi 4

ZIQI DE NANBO errait aux environs de la Colline de Shang quand il vit un arbre énorme, différent des autres. Mille attelages de chevaux auraient pu y trouver abri et son ombre les aurait recouverts. Ziqi dit : « Quel arbre est-ce donc ? Il doit certainement avoir une extraordinaire utilité ! » Levant les yeux, il vit que les plus petites branches étaient noueuses et tordues, inaptes pour les solives et les chevrons, et baissant les yeux, il vit que le tronc troué et pourri ne pouvait être utilisé pour les cercueils. Il lécha une des feuilles, elle couvrit sa bouche d'ampoules et la rendit douloureuse. Il renifla son odeur et c'était assez pour rendre un homme saoul pendant trois jours. « Il s'avère être un arbre complètement inutilisable, dit Ziqi, et ainsi il a pu devenir aussi grand. Aha ! c'est cette inutilité dont fait preuve le Saint Homme ! »

Zhuangzi 4

由

LES RÊVES ET LES LIMITATIONS DU LANGAGE ET DE LA CONNAISSANCE

Les mots ne peuvent exprimer l'inexprimable. Les mots sont finis, la Réalité est infinie. Les mots sont utiles en tant qu'instruments pour comprendre ; une fois que l'on a compris, les mots doivent être congédiés. Le Tao est inexprimable par le langage ; les mots au sujet du Tao ne sont que des éraflures sur la surface de la réalité.

LE FILET à poisson existe à cause du poisson ; une fois que vous avez attrapé le poisson, vous pouvez laisser le filet. Le piège à lapin existe à cause du lapin ; une fois que vous avez attrapé le lapin, vous pouvez laisser le piège. Les mots existent à cause du sens ; une fois que vous avez saisi le sens, vous pouvez oublier les mots. Où puis-je trouver un homme qui a oublié les mots afin que j'aie un mot avec lui ?

Zhuangzi 26

LE TAO exprimable en mots n'est pas le Tao pour toujours. Les noms qui peuvent l'exprimer ne sont pas des noms pour toujours.

Daodejing 1

Le chapitre 2 du Zhuangzi *présente une profonde réflexion sur la nature du langage. En tant qu'outil de communication, le langage a son utilité. Pourtant, très souvent il est malmené et il obscurcit la nature de la réalité. Le langage n'est pas un absolu ! Non plus que la connaissance. Quand nous croyons, nous savons des choses, et peut-être nous ne les connaissons pas du tout. Quand nous pensons, nous sommes éveillés et conscients, et peut-être vivons-nous dans un rêve. Quelle est la différence entre ce que nous concevons comme conscience et l'état de rêve ? Zhuangzi se réjouit d'exposer les deux versants du rêve et de la réalité, et de même Liezi qui lui consacre un chapitre entier.*

LES MOTS ne sont pas qu'un souffle. Les mots ont quelque chose à dire. Mais si ce qu'ils ont à dire n'est pas fixé, alors disent-ils réellement quelque chose ? Ou ne disent-ils rien ? Celui qui parle diffère d'un poussin qui pépie, s'en distingue-t-il ou ne s'en distingue-t-il pas ?

Comment la Voie s'est-elle obscurcie au point qu'il doive y avoir une distinction entre "réel" et "irréel" ? Comment la parole s'est-elle obscurcie au point qu'il doive y avoir une distinction entre l'affirmation et la négation ?

La Voie est obscurcie par de petits exploits ; le langage est obscurci par la vaine éloquence.

Zhuangzi 2

Ni Que demanda à Wang Ni : « Savez-vous ce que tous agréent en appelant juste ?

– Comment pourrais-je le savoir ? répondit Wang Ni.

– Savez-vous que vous ne le savez pas ?

– Comment pourrais-je le savoir ?

– Alors on ne connaît rien ?

– Comment pourrais-je le savoir ? Toutefois, supposez que j'essaie de dire quelque chose. Comment puis-je savoir cela si je dis que je sais quelque chose que je ne connais pas réellement ? Ou comment puis-je avoir à connaître que si je dis que je ne connais pas telle chose je ne la connais pas en fait ? »

Zhuangzi 2

Comment connaissons-nous la différence entre le rêve et la réalité ? Y a-t-il une différence ? Ou les deux sont-ils si imbriqués qu'il n'y a aucune manière de les distinguer ? Le problème est illustré dans le célèbre récit de Zhuangzi sur le rêve du papillon. La réponse demeure incertaine : il n'y a pas de critère convaincant pour emporter la décision.

COMMENT pourrais-je savoir si l'amour de la vie n'est pas une illusion ? Comment pourrais-je savoir si, en haïssant la vie, je ne suis pas comme un homme qui, ayant quitté son foyer dans son enfance, a oublié le chemin du retour ?... Comment pourrais-je savoir si une fois mort, je ne m'étonnerai pas de mon attachement à la vie ?

Celui qui rêve qu'il boit du vin peut pleurer quand arrive le matin ; celui qui rêve de pleurs peut au matin partir à la chasse. Lorsqu'il rêve, il ne sait pas que c'est un rêve et dans son rêve, il peut même essayer d'interpréter son rêve. Ce n'est qu'au réveil qu'il sait que c'était un rêve. Ce n'est que lors du grand réveil qu'on sait que tout n'a été qu'un grand rêve.

Zhuangzi 2

UNE FOIS, Zhuang Zhou (Zhuangzi) rêva qu'il était un papillon voltigeant et satisfait de son sort, faisant ce qu'il voulait. Il ne savait pas qu'il était Zhuang Zhou. Soudain il s'éveilla et s'aperçut avec étonnement qu'il était Zhuang Zhou. Il ne savait plus si c'était Zhuang Zhou rêvant qu'il était un papillon ou un papillon rêvant qu'il était Zhuang Zhou. Entre Zhuang Zhou et le papillon il devait pourtant y avoir une différence !

Zhuangzi 2

Est-il possible que pour certains un rêve soit plus réel et plus consolant que la vie réelle ? Le récit suivant du Liezi *semble le sous-entendre.*

MYIN de Zhou administrait une fortune considérable. Ses serviteurs et ses hommes de peine, de l'aube au crépuscule, ne connaissaient pas de répit. Il avait un vieux domestique auquel, jusqu'à bout de souffle, il imposait de lourdes charges. Pendant le jour, cet homme faisait en haletant son travail ; la nuit, épuisé, il dormait profondément. C'est alors que, son esprit libéré, il rêvait chaque nuit qu'il était roi et qu'il régnait sur un grand nombre de sujets. Quant aux affaires du royaume, elles étaient toutes réunies dans ses mains. Il se promenait dans son palais et ses appartements privés, jouissant de tout ce qu'il aimait, et grand était son bonheur. Au réveil, il se retrouvait de nouveau esclave.

Une fois, comme quelqu'un pris de pitié à la vue de ses travaux et de ses peines voulait le consoler, le serviteur dit :

« La vie de l'homme, même si elle dure cent ans, est partagée également en jours et en nuits. Or pendant le jour, je suis esclave et il est vrai que ma vie est amère. Mais pendant la nuit, je suis roi et mon bonheur est incomparable. Pourquoi me plaindrais-je ? »

Liezi 3

On trouve un autre récit énigmatique dans le Liezi. *Il semble dire que l'identité individuelle est une illusion, que nos courtes vies sont comme si elles n'avaient en fin de compte jamais existé.*

EN ROUTE vers Wei, Liezi mangeait quand il vit un crâne vieux de cent ans. Il cueillit une tige, la pointa vers lui, et dit à son disciple : « Ce crâne et moi savons seuls que vous n'êtes jamais nés et que vous ne mourrez jamais. Est-ce lui qui est vraiment misérable, est-ce nous qui sommes vraiment heureux ? »

Liezi 1

的

IDÉAUX UTOPIQUES

On trouve dans de nombreuses traditions des descriptions de paradis utopiques ou d'états de bonheur "primitif". Les taoïstes ont également leurs propres versions. L'une, dans le Daodejing, *est souvent citée – et souvent mal interprétée – comme le modèle de la société. En fait, c'est le point de vue d'une minorité de maîtres taoïstes, appelés "primitivistes", que l'on rencontre également dans le* Zhuangzi.

Le Liezi *décrit une telle terre idéale, située au nord de la Chine, où les gens vivent dans un environnement parfait quasi paradisiaque.*

C'EST UN LIEU que vous ne pouvez atteindre par bateau, par voiture ou à pied, seulement par un voyage de l'esprit. Dans ce pays il n'y a ni enseignants ni meneurs ; toutes choses suivent leur cours naturel. Les gens n'ont ni besoins ni désirs ; tous les hommes suivent leur cours naturel. Ils sont incapables de goûter la vie ou de haïr la mort, par conséquent ils se préfèrent eux-mêmes aux autres et ainsi n'aiment ni ne haïssent. Ils ne savent pas comment tourner leurs faces aux choses ni leur tourner le dos, aller avec le courant ou s'y opposer, aussi rien ne leur fait du bien ni ne les blesse. Il n'y a rien qu'ils accordent à contrecœur ou regrettent, rien qu'ils redoutent ou envient. Ils vont dans l'eau sans se noyer, dans le feu sans se brûler ; tailladez-les, flagellez-les, il n'y a ni blessure ni peine ; poussez-les, griffez-les, il n'y a ni douleur ni démangeaison. Ils chevauchent l'espace comme s'ils marchaient sur la terre, dorment dans le vide comme s'ils étaient dans un lit ; les nuages et la brume ne gênent pas leur vue, le tonnerre ne gêne pas leur ouïe, la beauté et la laideur ne perturbent pas leurs cœurs, les montagnes et les vallées ne font pas trébucher leurs pieds – car ils ne font que des voyages de l'esprit.

Liezi 2

[IMAGINEZ] un petit pays faiblement peuplé.
S'il y avait des dizaines ou des centaines d'outils, ils
ne seraient pas utilisés.
On tiendrait le peuple dans la crainte de la mort et
ils n'iraient pas au loin.
Y aurait-il des navires et des voitures que personne
ne les conduirait.
Y aurait-il des armures et des armes que nul n'en
ferait étalage.
On en reviendrait à faire au peuple des nœuds dans
des cordelettes [pour compter].

Ils trouvent leurs mets savoureux, leurs vêtements beaux,
leurs demeures commodes, leurs coutumes plaisantes.
Bien que les pays voisins soient à portée de vue,
que l'on entende le chant des coqs et l'aboi des chiens,
Les gens vieillissent et meurent sans avoir eu affaire ensemble.

Daodejing 80

L'UNITÉ ESSENTIELLE DE TOUTES LES ESPÈCES

Dans les temps anciens, avant que la Voie ne fût obscurcie par l'intervention humaine, les hommes et les animaux vivaient en paix. En fait, il n'y a pas de différence essentielle entre les êtres humains et les animaux.

IL ARRIVE que l'intelligence des bêtes et des oiseaux soit par nature semblable à celle des hommes. Ils désirent, comme nous, préserver leur vie et n'ont pas besoin de la sagesse de l'homme pour agir ainsi. Le mâle et la femelle s'accouplent, la mère et l'enfant se rapprochent ; ils évitent les plaines et choisissent des lieux inaccessibles, fuient la froidure et recherchent la chaleur ; ils vivent en bandes et voyagent en formations avec les jeunes à l'intérieur et les matures à l'extérieur ; ils se conduisent vers l'eau et s'appellent quand ils trouvent de la nourriture.

Dans les anciens temps, les hommes et les animaux vivaient ensemble et marchaient côte à côte. À l'époque des Cinq Empereurs et des Trois Rois [selon les taoïstes le commencement du déclin], les animaux furent effarouchés et dispersés pour la première fois. Dans nos temps dégénérés, ils se tapissent sous les coups et se réfugient dans leurs tanières pour éviter d'être blessés.

Liezi 2

Dans l'hindouisme et le bouddhisme, les êtres humains et les animaux sont tous appelés "êtres sensibles", ce qui signifie qu'ils sont capables de sentiment et de perception et qu'ils sont conscients. Bien des récits et des légendes décrivent cette intimité. Les bouddhistes accomplissent des rites saisonniers pour sauver les animaux de leur état inférieur et prient pour eux, et saint François s'adressait aux oiseaux et aux poissons. Les anciens sages taoïstes comprirent également l'unité essentielle de toutes les espèces.

À L'EST, dans le pays de Jie, il y a beaucoup de gens qui comprennent le langage des animaux domestiques ; c'est une découverte possible, même pour notre connaissance limitée. Les divins sages des anciens temps connaissaient les coutumes des myriades d'êtres et interprétaient les cris des différentes espèces ; ils les appelaient pour des rassemblements et leur donnaient des instructions, comme s'ils étaient des êtres humains. Le fait que les sages rencontrent les esprits et les lutins, puis fassent venir les êtres humains des huit quartiers et finalement assemblent les oiseaux, les bêtes et les insectes, montre qu'il n'y a pas de grandes différences en esprit et en intelligence entre les espèces vivantes. Les divins sages savaient que c'était le cas et par conséquent ils n'oublièrent aucun d'eux dans leurs enseignements.

Liezi 2

En Chine, c'est une pratique bouddhique courante de libérer les animaux de leur captivité. C'est un acte de compassion qui apporte un grand mérite. Le Liezi *rapporte cette coutume, peut-être influencée par le bouddhisme. Mais cette pratique fut jugée malavisée par les taoïstes, et le récit suivant suggère une critique du bouddhisme.*

LES GENS de Handan présentèrent des colombes [à leur seigneur] le matin du Nouvel An. Quand un visiteur en demanda la raison, [le seigneur] expliqua : « Nous libérons des êtres vivants le jour du Nouvel An comme geste de bonté.

– Les gens savent que vous voulez les libérer, aussi ils rivalisent pour les capturer et beaucoup de colombes meurent. Si vous désirez les garder vivantes, il serait préférable d'interdire aux gens de les capturer. Quand vous libérez les colombes après les avoir capturées, la bonté ne se réconcilie pas avec l'erreur.

– Vous avez raison », dit le seigneur.

Liezi 8

HISTOIRES AMUSANTES

Ce qui suit, ce sont plutôt des anecdotes – elles sont amusantes mais montrent également une profonde compréhension de l'esprit humain et une ironie paisible envers les sages et les politiques.

Un homme ayant perdu sa hache suspectait le garçon de la maison d'à côté. Il surveillait la démarche du garçon : il avait volé la hache ! Son expression, ses paroles, son comportement, son allure, tout à son sujet trahissait qu'il avait volé la hache.

Peu après, l'homme bêchait dans son jardin et trouva la hache. Un autre jour il revit le garçon de la maison d'à côté : rien dans son comportement ni dans son allure ne suggérait qu'il eût volé une hache.

Liezi 6

CONFUCIUS voyageant dans l'est de la Chine vit deux petits garçons qui se querellaient. Il leur en demanda la raison. Le premier enfant dit :

« Quand le soleil se lève, il est aussi grand qu'une roue de char ; à midi, il n'est pas plus grand qu'une assiette ou qu'une tasse. Ce qui est loin semble plus petit ; ce qui est proche semble plus grand. »

L'autre répliqua : « Quand le soleil se lève, il est tout froid mais à midi, c'est comme si on plongeait sa main dans de l'eau chaude. Ce qui est plus proche est plus chaud, n'est-il pas vrai ? »

Confucius fut incapable de trancher la question. Les deux enfants se mirent à rire : « Qui prétend que vous avez beaucoup de savoir ? »

Liezi 5

QUAND HUIZI était premier ministre de Liang, Zhuangzi alla lui rendre visite. Quelqu'un dit à Huizi que Zhuangzi venait pour le supplanter. Effrayé, Huizi le fit chercher pendant trois jours et trois nuits. Zhuangzi arriva chez lui et lui dit : « Connaissez-vous cet oiseau du midi qu'on appelle Yuanchu. Quand il part de la mer du Sud pour voler jusqu'à la mer du Nord, il ne se repose que sur l'arbre Wutong, il ne se nourrit que des graines du Lian et ne boit qu'aux sources très pures. Un jour qu'il passait dans les airs, une chouette dévorant un mulot crevé l'aperçut dans le ciel et poussa un cri menaçant. Voulez-vous aussi me menacer au sujet de votre principauté de Liang ? »

Zhuangzi 17

ZHUANGZI et Huizi se promenaient sur un pont de la rivière Hao. Zhuangzi dit : « Voyez comme les vairons se promènent tout à leur aise ! C'est là la joie des poissons. »

Huizi dit : « Vous n'êtes pas un poisson. Comment savez-vous ce qui est la joie des poissons ? »

Zhuangzi répondit : « Vous n'êtes pas moi. Comment savez-vous que je ne sais pas ce qui est la joie des poissons ? »

Huizi dit : « Je ne suis pas vous et assurément je ne sais pas ce que vous savez ou non. Mais comme vous n'êtes certes pas un poisson, il est bien évident que vous ne savez pas ce qui est la joie des poissons. »

Zhuangzi répondit : « Revenons à notre première question. Vous m'avez demandé : comment savez-vous ce qui est la joie des poissons ? Vous avez donc admis que je le savais puisque vous m'avez demandé comment. Comment le sais-je ? Par voie d'observation directe sur le pont de la rivière Hao. »

Zhuangzi 17

Alors que Zhuangzi pêchait à la ligne dans la rivière Pu, le roi de Chu envoya deux de ses officiers pour lui faire des avances. « J'aimerais vous confier la charge de mon territoire. »

Zhuangzi, sans relever sa ligne, sans même tourner la tête, leur dit : « J'ai entendu dire qu'il y a à Chu une tortue sacrée morte depuis trois mille ans. Votre roi conserve sa carapace dans un panier enveloppé d'un linge, dans le temple de ses ancêtres. Dites-moi si cette tortue eût préféré vivre en traînant sa queue dans la boue.

– Elle aurait préféré vivre en traînant sa queue dans la boue », dirent les deux officiers.

Zhuangzi dit : « Allez-vous-en ! Je préfère moi aussi traîner ma queue dans la boue. »

Zhuangzi 17

HISTOIRE ÉTONNANTE

Étant donné que le Liezi *fut publié au troisième siècle, mais contient des informations plus anciennes, il est surprenant d'y trouver un récit de pratique médicale qui anticipe 2 000 ans d'histoire. Le* Liezi *conte le récit d'une transplantation cardiaque qui est à la fois fantastique et incroyable. Il est basé sur la conception chinoise que « les fonctions mentales sont situées dans le cœur et non dans le cerveau » (Graham, 107). Voici l'histoire avec quelques changements mineurs.*

M. Hu et M. Ying tombèrent malades et s'adressèrent au Dr Pian. Celui-ci les guérit et leur dit : « La maladie qui vous a frappés a pénétré de l'extérieur dans vos entrailles et elle se laisse soigner par les médicaments. Mais vous êtes aussi atteints par une maladie qui vint au monde avec vous et qui croît avec vous. Que diriez-vous si je m'appliquais à la traiter ? »

Les deux hommes lui dirent : « Si nous connaissions d'abord le diagnostic ? »

Pian dit à M. Hu : « Votre volonté est forte, mais faible est votre force. Si votre volonté élabore des projets, votre force trop faible en empêche la réalisation. Alors que la volonté de M. Ying est faible et grande sa force de réalisation. C'est pourquoi il prévoit et souffre d'entêtement. Échangeons vos cœurs et l'équilibre se rétablira. »

[Les deux patients acceptèrent.]

Alors le Dr Pian leur donna à boire un vin très fort qui les endormit pour trois jours. Ensuite, il leur ouvrit la poitrine, examina leurs cœurs et les remit, en les échangeant, dans leur poitrine. Ils leur fit boire un breuvage magique et ils reprirent conscience.

Les deux hommes prirent congé de lui et rentrèrent chez eux. M. Hu se rendit dans la demeure de M. Ying et prit possession de la femme et des enfants de celui-ci : la femme et les enfants ne le connaissaient pas. Cette ignorance fut la cause d'une dispute entre les deux maisons. Finalement, on demanda au Dr Pian de plaider la chose et d'être l'arbitre. Il intervint donc pour leur expliquer l'histoire et la querelle s'apaisa.

Liezi 5

PARADOXES

L'usage du paradoxe, en particulier dans le Daodejing, *est caractéristique des écrits taoïstes. C'est peut-être une stratégie élaborée pour choquer et rappeler à soi certaines vérités, vigoureusement et de façon convaincante, ce que ne pourrait jamais faire le langage normal. Les paradoxes sont sans doute les précurseurs des célèbres* koan (gongan), *méthode employée par les maîtres chinois du Chan (Zen) pour "choquer"le mental et l'éveiller.*

Nous avons déjà vu un grand nombre de paradoxes, par exemple à propos du wuwei : *poursuivre l'étude est croître chaque jour, pour poursuivre le Tao il faut décroître chaque jour.* (Daodejing 48.)

SOYEZ VIDE et vous serez empli
courbez-vous et vous serez redressé.
Possédez peu et vous deviendrez riche
possédez beaucoup et vous serez tourmenté.

Daodejing 22

La vertu supérieure ne possède pas la Vertu
 et par là même la possède.
La vertu inférieure ne perd pas la Vertu
 et par là même la perd.

Daodejing 38

La perfection suprême semble imparfaite
 mais son action est inépuisable.
La plénitude suprême semble vide
 mais son action est illimitée.
La rectitude suprême semble gauche,
La suprême invention niaise,
L'éloquence suprême frappée de bégaiement.

Daodejing 45

Sans franchir le pas de sa porte
 on est capable de connaître le monde.
Sans regarder par la fenêtre
 on est capable d'observer la voie du ciel.
Plus loin on va
 moins on connaît.

Daodejing 47

Dès que l'on naît on entre dans la mort.

Daodejing 50

Qui peut saisir l'infime a la vue intérieure.
Qui apprend à céder est maître de la force.

Daodejing 52

Qui connaît ne parle pas.
Qui parle ne connaît pas.

Daodejing 56

Promettre à la légère n'est pas tenir parole.
Croire que tout est facile fait naître bien des obstacles.
Par conséquent, le sage considère les choses comme étant difficiles
Et ainsi ne rencontre jamais aucune difficulté.

Daodejing 63

Un arbre de la dimension d'une brasse
    naît d'une minuscule brindille.
Une tour de neuf étages
    naît d'un petit tas de terre.
Un voyage de mille *li*
    commence sous vos pieds.

Daodejing 64

Mes paroles sont très faciles à comprendre et très
    faciles à pratiquer,
Pourtant nul sous le ciel ne peut les comprendre ni
    les pratiquer.

Daodejing 70

Connaître le non-savoir, c'est le bien suprême.
Ne pas savoir [mais prétendre savoir] est maladie.

Daodejing 71

LES PAROLES vraies paraissent paradoxales.

Daodejing 78

LES PAROLES vraies ne sont pas plaisantes,
Les paroles plaisantes ne sont pas vraies.
Les gens de bien n'argumentent pas.
Ceux qui argumentent ne sont pas bons.
Ceux qui savent n'ont pas d'érudition.
Ceux qui ont de l'érudition ne savent pas.

Daodejing 81

IL EST PLUS FACILE de ne laisser aucune trace que de marcher sans toucher le sol. Il est plus facile de tricher au service de l'homme que de tricher en servant le ciel. J'ai entendu dire que des êtres volent avec des ailes, mais pas encore qu'on pouvait voler sans ailes ; j'ai entendu dire que l'on comprend par la connaissance, mais pas encore qu'on pouvait comprendre par la non-connaissance. Regardez dans cette pièce close, la chambre vide d'où naît l'éclat. La fortune et la bénédiction se rassemblent là où est la tranquillité.

Zhuangzi 4

BIBLIOGRAPHIE

Ames, R. 1983. *The Art of Rulership. A Study in Ancient Chinese Political Thought*. Honolulu, University of Hawaii Press.

Chen, Qifu, éditeur-en-chef. 1994. *Ru-Dao-fo Mingyan Cidian [Dictionary of Famous Quotations from Confucianism, Taoism and Buddhism]*. Zhengzhou (Henan), People's Publishing Co. of Henan, Chine.

Graham, A.C., trad. 1960. *The Book of Lieh-tzu,* New York, Grove Press.

Kohn, L. 1987. *Seven Steps to the Tao : Sima Chengzhen's Zuowanglun*. Monumenta Serica Monograph Series, vol. 20. Nettetal (Allemagne) : Steyler Verlag.

Kohn, L. 1987. « The Teaching of Tianyinzi », *Journal of Chinese Religions*, 15, 1-28.

Kohn, L. 1993. *The Taoist Experience*, Albany, N.Y., Suny Press.

Lopez, D., éd. 1996. *Religions of China in Practice*. Princeton, Princeton University Press.

Major, J. 1993. *Heaven and Earth in Early Han Thought. Chapitres 3, 4 et 5 du Huananzi*. Albany, NY, SUNY Press.

Needham, J. 1956. *Science and Civilization in China* (vol. 2). Cambridge, Cambridge University Press.

Pas, J., trad. 1997. *The Tao Te Ching*. Traduction non publiée.

Robinet, I. 1993. *Taoist Meditation*, trad. J. Pas and N. Girardot. Albany, NY, SUNY Press.

Watson, B., trad. 1970. *The Complete Works of Chuang Tzu*. New York et Londres, Columbia University Press.

家

INDEX